The Greek Myths

그리스 신화

그리스 신화

First edition: May 2011

TEL (02)2000-0515 | FAX (02)2271-0172
ISBN 978-89-17-23784-9

YBM Reading Library는 ...

쉬운 영어로 문학 작품을 즐기면서 영어 실력을 크게 향상시킬 수 있도록 개발된 독해력 완성 프로젝트입니다. 전 세계 어린이와 청소년들에게 재미와 감동을 주는 세계의 명작을 이제 영어로 읽으세요. 원작에 보다 가까이 다가가는 재미와 명작의 깊이를 느낄 수 있을 거예요.

350 단어에서 1800 단어까지 6단계로 나누어져 있어 초·중·고 어느 수준에서나 자신이 좋아하는 스토리를 골라 읽을 수 있고, 눈에 쉽게 들어오는 기본 문장을 바탕으로 활용도가 높고 세련된 영어 표현을 구사하기 때문에 쉽게 읽으면서 영어의 맛을 느낄 수 있습니다. 상세한 해설과 흥미로운 학습 정보, 퀴즈 등이 곳곳에 숨어 있어 학습 효과를 더욱 높일 수 있습니다.

이야기의 분위기를 멋지게 재현해 주는 삽화를 보면서 재미있는 이야기를 읽고, 전문 성우들의 박진감 있는 연기로 스토리를 반복해서 듣다 보면 리스닝 실력까지 크게 향상됩니다.

세계의 명작을 읽는 재미와 영어 실력 완성의 기쁨을 마음껏 맛보고 싶다면, YBM Reading Library와 함께 지금 출발하세요!

YBM Reading Library

책을 읽기 전에 가볍게 워밍업을 한 다음, 재미있게 스토리를 읽고, 다 읽고 난 후 주요
구문과 리스닝까지 꼭꼭 다지는 3단계 리딩 전략! YBM Reading Library, 이렇게 활용
하세요.

In the Story

★ 스토리

재미있는 스토리를 읽어요. 잘 모른다고
멈추지 마세요. 한 페이지, 또는 한 chapter를
끝까지 읽으면서 흐름을 파악하세요.

★★ 단어 및 구문 설명

어려운 단어나 문장을 마주쳤을 때,
그 뜻이 알고 싶다면 여기를 보세요.
나중에 꼭 외우는 것은 기본이죠.

Apollo and Daphne
아폴로와 다프네

Daphne was Apollo's first love.
This did not happen by chance,
but by the malice of Eros.
One day, Apollo saw the young Eros
playing with his bow and magical arrows.
"Why do you have those weapons, boy?" said
Apollo. "They should only be in the hands of those
who need to hunt or defend themselves. Play with your
torch, child, and leave the weapons for men to use."
"Your arrows may conquer anything in this world,
Apollo, but mine shall conquer your heart," said Eros
angrily.

★★
- by chance 우연히
- malice 악의, 나쁜 의도
- defend oneself 자신을 방어하다
- conquer 정복하다, 무찌르다
- draw A from B A를 B에서 꺼내다
- quiver (통에 메는) 화살통
- arouse (감정 등을) 일으키다

- lead 납
- be certain to + 동사원형 반드시 ⋯하다
- repel 물리치다, 쫓아버리다
- strike 찌르다 (strike-struck-struck)
- shoot 쏘다 (shoot-shot-shot)
- in turn 그와 반대로

1 be tipped with 끝이 ⋯로 씌워지다(장식되다)
The other was tipped with lead and certain to repel love.
다른 화살은 끝이 납으로 씌워져 있었고 반드시 사랑을 물리쳤다.

58 • The Greek Myths

★★★ 돌발 퀴즈
스토리를 잘 파악하고
있는지 궁금하면 돌발 퀴즈로
잠깐 확인해 보세요.

Mini-Lesson
너무나 중요해서 그냥 지나칠 수 없는
알짜 구문은 별도로 깊이 있게 배워요.

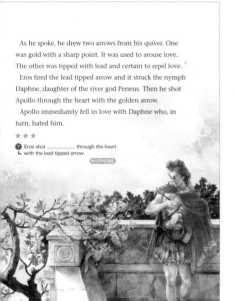

As he spoke, he drew two arrows from his quiver. One
was gold with a sharp point. It was used to arouse love.
The other was tipped with lead and certain to repel love. [1]

Eros fired the lead tipped arrow and it struck the nymph
Daphne, daughter of the river god Peneus. Then he shot
Apollo through the heart with the golden arrow.

Apollo immediately fell in love with Daphne who, in
turn, hated him.

★ ★ ★

Eros shot _____ through the heart
with the lead tipped arrow.

Check-up Time!
한 chapter를 다 읽은 후 어휘, 구문,
summary까지 확실하게 다져요.

Focus on Background
작품 뒤에 숨겨져 있는 흥미로운 이야기를
읽으세요. 상식까지 풍부해집니다.

After the Story

Reading X-File 이야기 속에 등장했던
주요 구문을 재미있는 설명과 함께 다시 한번~

Listening X-File 영어 발음과 리스닝 실력을 함께
다져 주는 중요한 발음법칙을 살펴봐요.

MP3 Files
www.ybmbooksam.com에서 다운로드 하세요!

- YBM Reading Library -

이제 아름다운 이야기가
시작됩니다

The Greek Myths

Thomas Bulfinch (1796 ~ 1867)

토마스 불핀치는 …

미국 메사추세츠 주 보스턴(Boston) 근교 뉴튼(Newton)에서 유명한 건축가의 아들로 태어났다. 하버드 대학에 진학해 고전학을 전공하였고, 대학 졸업 후에는 여러 직업을 전전하다가, 41세의 나이로 보스턴 은행의 행원으로 취직해 그 후 30년 동안 은행에서 일하며 여가 시간에 고전을 연구하였다.

불핀치는 고전뿐 아니라 유럽 문학에 대한 해박한 지식을 바탕으로 평생 8권의 책을 집필하였다. 그 중 〈신화의 시대(The Age of Fable, 1855)〉, 〈기사도의 시대(The Age of Chivalry, 1858)〉, 〈샤를마뉴 황제의 전설(Legend of Charlemagne, 1863)〉 등이 그의 대표작으로 꼽히는데, 이 3권은 그의 사후에 〈불핀치 신화집(Bulfinch's Mythology, 1881)〉으로 편찬되었다.

평소 그리스 신화가 유럽 문화의 바탕이라고 생각한 불핀치는 유럽 신화를 자신만의 언어로 다시 기술하여, 동시대의 미국인들에게 고전 문학이라는 넓은 문화를 소개했다. 신화를 문화적 차원으로 승화시킨 그는 오늘날에도 미국의 대표적인 신화 작가로 추앙받고 있다.

The Greek Myths
그리스 신화는 …

토마스 불핀치의 〈신화의 시대〉를 바탕으로 고대 신들의 기원과 올림포스 신들의 탄생 이야기를 편집·재구성한 작품이다.

그리스 신화의 신들은 신비하고 완벽한 다른 종교의 신들과는 달리, 인간처럼 웃고 울며 서로 질투하고 화를 낸다. 인간과 크게 다르지 않아 보이는 이러한 신들이 인간 세상의 온갖 사건에 참여하고 간섭하는 가운데 벌어지는 생생한 이야기가 이 작품의 줄거리를 이루고 있다. 그리스 신화에는 천둥과 번개를 무기로 갖춘 제우스, 제우스의 아내이자 가정과 결혼의 여신인 헤라, 지하 세계의 신 하데스, 사랑과 미의 여신 아프로디테, 신들의 전령인 헤르메스를 비롯한 올림포스의 12신과 인간 세상의 아도니스, 아라크네, 페르세우스 등이 서로 얽혀 흥미진진한 이야기를 풍성하게 펼쳐낸다.

오랜 시간 문학, 미술, 음악 등 다양한 예술 작품의 원천적 영감이 되어 온 그리스 신화는 서양 문학의 위대한 유산으로 남아 앞으로도 인류에게 무한한 상상력의 보고가 될 것이다.

The Genealogy of Greek Gods and Goddesses

그리스 신들의 계보

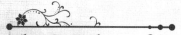

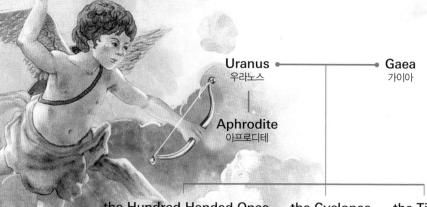

Uranus
우라노스 ● —— ● Gaea
가이아

Aphrodite
아프로디테

the Hundred-Handed Ones
백수 거인 3형제

the Cyclopes
키클롭스 3형제

the Titans
티탄 12남매

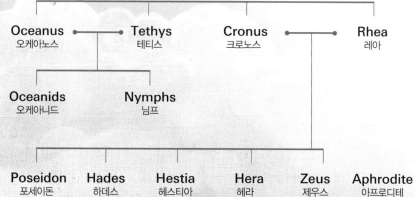

4 of the 12 Titan siblings

Oceanus
오케아노스 ● —— ● Tethys
테티스

Cronus
크로노스 ● —— ● Rhea
레아

Oceanids
오케아니드

Nymphs
님프

Poseidon
포세이돈

Hades
하데스

Hestia
헤스티아

Hera
헤라

Zeus
제우스

Aphrodite
아프로디테

Eros
에로스

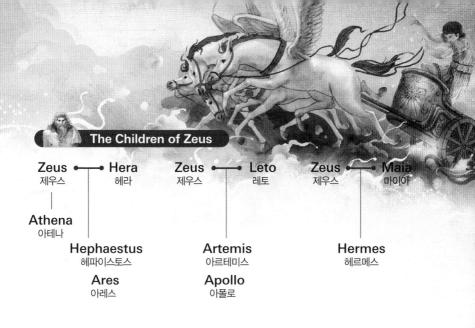

The Children of Zeus

Zeus ● ─ ● **Hera**
제우스   헤라

Zeus ● ─ ● **Leto**
제우스   레토

Zeus ● ─ ● **Maia**
제우스   마이아

Athena
아테나

Hephaestus
헤파이스토스

Ares
아레스

Artemis
아르테미스

Apollo
아폴로

Hermes
헤르메스

신들의 이름은 그리스식과 로마식으로 부르는 이름이 서로 달라요.
어떻게 다른지 한번 살펴볼까요?

그리스어 이름	로마어 이름
Cronus(크로노스)	**Saturnus**(사투르누스)
Rhea(레아)	**Cybele**(퀴벨레)
Zeus(제우스)	**Jupiter**(주피터)
Hera(헤라)	**Juno**(주노)
Poseidon(포세이돈)	**Neptunus**(넵투누스)
Hades(하데스)	**Pluton**(플루톤)
Hermes(헤르메스)	**Mercurius**(메르쿠리우스)
Hestia(헤스티아)	**Vesta**(베스타)
Hephaestus(헤파이스토스)	**Vulcanus**(불카누스)
Apollo(아폴로)	**Phoebus**(포이보스)
Aphrodite(아프로디테)	**Venus**(비너스)
Artemis(아르테미스)	**Diana**(다이아나)
Ares(아레스)	**Mars**(마르스)
Dionysus(디오니소스)	**Bacchus**(바커스)
Eros(에로스)	**Cupid** (큐피드)
Athena(아테나)	**Minerva**(미네르바)
Leto(레토)	**Latona**(라토나)

a Beautiful Invitation
– YBM Reading Library

The Greek Myths

Thomas Bulfinch

CHAPTER 1

The Beginning

시작

There are many theories about the origins of the Greek gods. One theory says that the ancient Greeks believed their gods were originally real people. They were chosen to be gods because of their wisdom and good deeds for mankind.

Another theory is that the universe was created by "the Big Bang.*" No one created it. There was a mighty explosion and all things were gathered in one 빅뱅은 거대한 폭발을 통해 우주가 생겨났다는 이론이랍니다. confused mass called Chaos. For many years only Chaos and Darkness covered the earth. Then, out of that dark universe, came the divinities; Gaea (Mother Earth), Uranus (Father Sky).

Gaea and Uranus had many children together. Their first children were the monsters; the three Hundred-Handed-Ones and the three Cyclopes. The three Hundred-Handed-Ones were powerful monsters with fifty heads and one hundred hands each.

They were extremely destructive and hideous to look at. And the three Cyclopes were huge giants who had only one eye in the middle of their foreheads. They represented thunder and lightning and were also powerful.

□ theory 이론, 가설
□ origin 기원
□ originally 원래, 본래
□ deed 행동
□ mankind 인류
□ mighty 강력한, 힘센
□ explosion 폭발
□ be gathered in …에 모이다
□ confused 질서가 없는, 혼잡한

□ mass 덩어리
□ chaos 혼돈, 카오스
□ divinity 신
□ destructive 파괴적인
□ hideous 끔찍한, 오싹한
□ represent 나타내다, 상징하다
□ thunder 천둥
□ lightning 번개

Uranus hated his children, feared their power and
was jealous of the attention they received from Gaea.
So he pushed them deep into the underworld and
imprisoned them there.

After the birth of the monsters, Gaea gave birth to [1]
the Titans. They were twelve in number and born
huge and powerful like their elder brothers. The Titans
created the moon, the seas, mountains, forests and
plains. They married each other and gave birth to
a great number of other beings.

---

[1] **give birth to** …을 낳다
After the birth of the monsters, Gaea gave birth to the Titans.
괴물들이 태어난 다음에, 가이아는 티탄들을 낳았다.

The imprisonment of the Hundred-Handed-Ones
and the Cyclopes hurt Gaea. She encouraged Cronus,
the youngest and the bravest of the Titans, to defeat
Uranus. So Cronus did as she asked, and the weakened ☀
Uranus withdrew from the earth. He was furious and
cursed Cronus, saying that one of Cronus's own
children would rise up against him. [2]

- □ be jealous of …을 질투[시기]하다
- □ attention 관심, 주목
- □ underworld 지하 세계, 저승
- □ imprison 가두다, 감금하다
- □ plain 대지, 평원
- □ a great number of 수많은
- □ being 존재
- □ imprisonment 감금, 구속

- □ encourage + 목적어(A) + to +
  동사원형(B) A로 하여금 B하도록 하다
- □ defeat 무찌르다, 패배시키다
- □ weakened 약해진, 기운이 빠진
- □ withdraw from …에서 물러나다
  (withdraw - withdrew - withdrawn)
- □ furious 격분한, 분노한
- □ curse 저주하다; 저주

2 **rise up against** …에 반란을 일으키다
He was furious and cursed Cronus, saying that one of Cronus's
own children would rise up against him.
그는 격분해서 크로노스의 자식 중 하나가 크로노스에게 반란을 일으킬 것이라고 말하며
크로노스를 저주했다.

Mini-Less ☀ n

동사의 반복을 피하게 해주는 대동사

영어는 단어가 반복되는 것을 피하려는 경향이 있어요. So Cronus did as she
asked.에서 did는 앞에 나온 defeat의 반복을 피하기 위해 쓰인 대동사예요. 대동사는
인칭과 시제에 맞게 써야 한다는 점도 잊지 마세요.

• She sings beautifully as her father does. 그녀는 그녀의 아버지처럼 아름답게 노래를 부른다.

After Cronus had defeated Uranus, he married his sister Rhea, who gave birth to many children. To prevent these children from revolting against him, Cronus swallowed each of them at birth. But when Rhea became pregnant for the sixth time, she was determined to protect her child from its father. After giving birth to a son, she handed Cronus a stone in a blanket, which he quickly swallowed. Then she hid her son on the island of Crete and named him Zeus.

When Zeus was grown up, Rhea brought him back from Crete. She mixed a potion of strong herbs, wine and honey for Zeus to give to Cronus. It looked very delicious, so he drank all of it. As soon as Cronus drank it, he began to vomit. One by one, Zeus's older brothers

and sisters were thrown from Cronus's mouth.

These siblings included Poseidon, god of the seas, Demeter, goddess of agriculture, Hera, goddess of marriage and the home, Hestia, goddess of the fireplace and Hades, god of the underworld.

Now Cronus knew that Zeus was his son and that Uranus's curse was coming true. So he abandoned his palace and fled. Zeus then released the Hundred-Handed-Ones and the Cyclopes from the underworld.

In gratitude, the Cyclopes made thunder and [1] lightning for Zeus as weapons. With them, he could reign forever as supreme ruler of the gods.

□ prevent A from B A가 B하지
　못하게 막다
□ revolt against …에 반란을 일으키다
□ swallow 삼키다
□ at birth 태어나자마자
□ pregnant 임신한
□ be determined to + 동사원형
　…하기로 결심하다
□ protect A from B B로부터
　A를 보호하다
□ potion (한 번 마실 만큼의) 물약(독약)

□ vomit 토하다, 게우다
□ sibling 형제, 자매
□ goddess 여신
□ come true 실현되다
□ abandon 버리다
□ flee 도망가다 (flee-fled-fled)
□ release A from B B에서 A를
　풀어주다(내보내다)
□ reign 지배하다, 통치하다
□ supreme 최고의
□ ruler 지배자, 통치자

1　**in gratitude** 고마움의 표시로, 감사의 의미로

In gratitude, the Cyclopes made thunderbolts and lightning for Zeus as weapons.
고마움의 표시로, 키클롭스들은 제우스에게 벼락과 번개를 무기로 만들어주었다.

The Twelve Olympians

올림포스의 12신

There are twelve major gods in Greek mythology, and they are known as the twelve Olympians. Zeus and his brothers and sisters represented the first generation of Olympians.

The twelve Olympians often gathered on Mount Olympus for meetings. Mt. Olympus rose from the center of Greece and was a place of perfect peace. Eleven of the Olympians made their home there. Only Hades chose to make his home in the underworld.

Zeus was the absolute ruler of all, and the god of the sky and thunder. He became the supreme king of all the gods and goddesses after he overthrew his evil father.

When angry, Zeus would throw massive thunderbolts into the skies above the earth. Although he was married to Hera, he was not a faithful husband and fathered many children with other goddesses and mortals.

His wife, Hera, became the queen of the gods, and the goddess of marriage and family. She was very jealous of Zeus's female companions, and banished many of [1] them and their children from Mt. Olympus. They were left to continually wander the earth looking for a peaceful place to rest.

□ mythology 신화
□ absolute 절대적인
□ overthrow 전복시키다, 타도하다
　(overthrow - overthrew - overthrown)
□ throw A into B A를 B를 향해 던지다
□ massive 거대한, 엄청난
□ be married to …와 결혼하다
□ faithful 충실한, 신의 있는
□ father A with B
　B와 사이에 A의 아버지가 되다
□ mortal (신과 비교해 수명이 유한한)
　사람, 인간
□ companion 친구, 동료
□ be left to + 동사원형 …하도록 방치되다[내버려지다]
□ wander 방황하다, 헤매다

1 banish A from B B에서 A를 추방하다, 내쫓다
　She banished many of them and their children from Mt. Olympus.
　그녀는 올림포스 산에서 많은 제우스의 여자들과 그들의 자식들을 추방했다.

Zeus's brother, Poseidon, was the god of the oceans and earthquakes. The ancient Greeks believed he could calm the oceans and provide abundant catches ☀ for the fishermen. But they also knew that his anger could cause earthquakes and tidal waves. He carried a trident, with which he could shake the earth and shatter any object. He was the second most powerful Olympian god, after Zeus.

The god of the underworld was Hades, another of Zeus's brothers. He was also the god of wealth and precious metals. Hades was said to be a kind ruler [1] who tried to establish stability in the underworld.

---

1 **be said to + 동사원형** …라고들 하다, …라고 말해지다
Hades was said to be a kind ruler who tried to establish stability in the underworld.
하데스는 지하 세계의 평온을 구축하려고 노력하는 인정 많은 통치자라고들 했다.

□ calm 고요[잔잔]하게 하다
□ abundant 풍부한, 풍성한
□ catch 어획량, 잡은 것
□ tidal wave 파도
□ trident 삼지창
□ shatter 산산이 부수다
□ precious 귀중한, 값비싼
□ establish 구축하다, 만들다
□ stability 안정, 평온
□ medicine 의학, 의술

□ poetry 시
□ have the ability to + 동사원형 …하는 능력이 있다
□ heal 치료하다, 낫게 하다
□ spread 퍼뜨리다, 뿌리다
□ deadly 치명적인, 위험한
□ be scared of …을 무서워하다, 두려워하다
□ wilderness 야생

Apollo was the son of Zeus and Leto, a Titan's daughter. Some of his responsibilities were truth, medicine, music and poetry. He was regarded as [2] the most handsome and youthful of the gods and was said to have the ability to heal. But he could also spread deadly viruses when he was angry.

He had a twin sister, Artemis, who became the goddess of the hunt, and all wild animals were scared of her. She was also known as the goddess of the wilderness, childbirth and the moon.

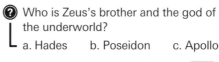

Who is Zeus's brother and the god of the underworld?
a. Hades   b. Poseidon   c. Apollo

[2] **be regarded as** …로 생각 (간주) 되다
He was regarded as the most handsome and youthful of the gods.
그는 신들 중에서도 가장 잘생기고 젊은 신으로 생각되었다.

Mini-Less☀n

provide A for B : B에게 A를 제공하다 (= provide B with A)

• The ancient Greeks believed he could calm the oceans and provide abundant catches for the fishermen.
고대 그리스인들은 포세이돈이 바다를 잠잠하게 만들고 어부들에게 충분한 물고기를 제공할 수 있다고 믿었다.

• She provided the painters with papers and watercolors.
그녀는 화가들에게 종이와 수채물감을 제공했다.

The goddess of love and beauty was Aphrodite. Her father was Uranus, and she was created when some of her father's bloody body parts were thrown into the sea. Aphrodite was said to have a magical girdle that compelled anyone who wished to desire her. She became the wife of Hephaestus.

Hephaestus was the god of metal, blacksmiths, volcanoes and fire. He was known to be kind-hearted, but his mother, Hera, thought he was ugly. So she threw him from Mt. Olympus and he suffered serious, disfiguring injuries in the fall. However, Hephaestus is [1] credited with the design and manufacture of many of the weapons, armor and furniture of the gods and goddesses. The thrones at Mt. Olympus, their sandals, helmets and Eros's bow and arrow are examples of his work.

---

1 **A be credited with B** A는 B에 공이 있는 것으로 여겨지다
Hephaestus is credited with the design and manufacture of many of the weapons, armor and furniture of the gods and goddesses. 헤파이스토스는 많은 무기와 갑옷, 신과 여신들의 가구 디자인과 제조에 공이 있는 것으로 여겨진다.

Because of his love of fighting and bloodshed, Ares was known as the god of war. All the other gods and goddesses hated him, except Aphrodite. His half-sister, Athena, became known as the goddess of war. She always appears armed and covered in the armor she wore when she was born from her father's head.

- □ bloody 피투성이의, 피가 묻은
- □ girdle 거들(여성용 속옷)
- □ compel 쫓다, 억제하다
  (compel-compelled-compelled)
- □ desire 원하다, 바라다
- □ blacksmith 대장장이
- □ kind-hearted 친절한
- □ suffer (고통·상해)를 입다, 당하다
- □ disfiguring 망가진, 흉하게 변한
- □ manufacture 제조
- □ armor 갑옷
- □ throne 왕좌, 옥좌
- □ bloodshed 유혈 사태, 학살
- □ except …을 제외하고
- □ half-sister 이복누이
- □ armed 무장한, 갑옷을 입은

Hestia was the sister of Zeus. She is not a well-known goddess, but concentrated on the safety of newborn children, keeping the home calm, and the hearth warm with fire.

Hermes was another of Zeus's sons. He had great speed and became known as the "messenger of the gods" and carrier of souls to the underworld. Among the gods, he was the only one allowed to enter heaven, earth, and the underworld. However, he had an impulse to steal, so he was also known as the god of thieves. He became a close friend of Dionysus, the god of wine.

□ concentrate on ···에 집중하다
□ newborn 갓 태어난
□ hearth 화로
□ messenger 전령, 전달자
□ carrier 운반하는 사람
□ have an impulse to + 동사원형
  ···하고 싶은 충동이 있다
□ take on a human form
  인간의 모습을 하다

□ similar to ···와 비슷한, 유사한
□ argue about ···에 대해 논쟁하다
□ greedy 탐욕스러운, 욕심이 많은
□ fight with ···와 싸우다
  (fight-fought-fought)
□ drought 가뭄
□ epidemic 전염병, 유행병
□ famine 기근
□ harvest 수확량, 수확물, 작물

Mini-Less☼n

See p. 120

영어는 반복을 싫어해요!

The twelve Olympians took on human forms and lived in a society similar to that of the mortals.에서 that은 앞에 나오는 명사의 반복을 피하기 위해 쓰인 지시대명사로 여기서는 the society 대신 쓰였답니다.

• The climate of this country is milder than that of Norway.
  이 나라의 기후는 노르웨이의 기후보다 온화하다.

The twelve Olympians took on human forms and
lived in a society similar to that of the mortals. They
gathered in Zeus's palace to discuss and often to argue
about the affairs of heaven and earth. They were
jealous and greedy, and they often fought with each
other. This was how the ancient Greeks explained
war, droughts, floods, earthquakes, epidemics,
famines and abundant harvests as well as everyday
events in the lives of the ancient Greeks.

 # Check-up Time!

● **WORDS**

빈칸에 알맞은 단어를 보기에서 골라 써넣으세요.

curse	stability	ruler	attention

1 Cronus knew that Uranus's _____ was coming true.

2 Uranus was jealous of the _____ they received from Gaea.

3 With them, Zeus could reign forever as supreme _____ of the gods.

4 Hades was said to be a kind god who tried to establish _____ in the underworld.

● **STRUCTURE**

빈칸에 알맞은 전치사를 보기에서 골라 문장을 완성하세요.

as	from	with

1 Zeus released the Cyclops _____ the underworld.

2 He was regarded _____ the most handsome and youthful of the gods.

3 Hephaestus is credited _____ the design and manufacture of many of the weapons and armor.

본문의 내용과 일치하면 T에, 일치하지 않으면 F에 표시하세요.

	T	F
1 The Cyclopes had only one eye in their foreheads.	☐	☐
2 Zeus swallowed his brothers and sisters.	☐	☐
3 Hephaestus was the god of music and poetry.	☐	☐
4 The twelve Olympians lived in a similar society to that of the mortals.	☐	☐

● SUMMARY

빈칸에 맞는 말을 골라 이야기를 완성하세요.

A long time ago, Gaea and Uranus came out of the dark universe and they had many children together. But Uranus hated his children and pushed them into the (   ). Gaea wanted to defeat Uranus to save them. After Cronus had defeated Uranus, he married Rhea and gave birth to many children. But he (   ) each of them at birth so Rhea gave Zeus a special (   ) for Cronus. After Cronus drank it, Zeus's brothers and sisters were (   ) from his mouth. They became the twelve Olympians.

a. underworld
c. potion

b. thrown
d. swallowed

Summary | a, d, c, b
Comprehension | 1. T   2. F   3. F   4. T

Prometheus and Pandora

프로메테우스와 판도라

Prometheus, the Titan and his brother Epimetheus were given the task of creating man and all the other animals. Epimetheus gave courage, strength, swiftness and wisdom to different animals. To some he gave wings, to some he gave claws, and others he covered in a protective shell.

When he came to make men, Epimetheus had nothing to give them. So he asked his brother for help. Prometheus flew up to heaven to light a torch from the sun.

The fire he brought back made man superior to all other animals. With it, he was able to make weapons to hunt wild beasts and tools to farm the land. He used fire to warm his home and keep out the cold.

- □ task 임무, 일
- □ swiftness 민첩성, 신속함
- □ claw 발톱
- □ protective 보호하는
- □ shell 껍질
- □ torch 횃불
- □ superior to …보다 우월한
- □ wild beast 야생 동물, 들짐승
- □ farm 경작하다, 농사를 짓다

- □ keep out …을 안에 들이지 않다
- □ command + 목적어(A) + to + 동사원형(B) A에게 B하라고 명령하다
- □ fashion 만들다, 창조하다
- □ punish A for B B 때문에 A를 벌하다
- □ contribute A to B B하는 데 A를 보태다 (기여하다)
- □ lyric (노래의) 가사, 서정시
- □ verse (노래의) 절, 시

When Zeus realized that Prometheus had stolen the
fire of the gods and given it to mortals, he was filled
with anger. Zeus commanded Hephaestus to fashion
a woman and he named her Pandora.

He then sent her to Prometheus and Epimetheus. He
wanted to punish them for stealing his fire. Because
she was made in heaven, every god in heaven
contributed something to make her perfect. Aphrodite,
goddess of love, gave her beauty, Hermes, the
messenger of the gods, gave her persuasion and Apollo,
god of poetry and music gave her lyrics and verse.

When she arrived on the earth, Epimetheus immediately fell in love with her. They married soon after. But Prometheus was suspicious of Zeus's real reason for [1] sending Pandora to them. He warned his brother that Zeus was their enemy and they must never believe him. But Epimetheus ignored the warning.

In his house Epimetheus kept a box, but its contents he kept secret from everyone. Pandora was curious to know [2] what was in it. So one day when Epimetheus was out hunting, she found the box and opened it. Plague, famine, misery, despair, hatred, warfare, and many other forms of suffering escaped into the world.

She desperately tried to close the lid, but they were quickly scattered around the world by the winds. Hope was all that was left.

There is another story that is told more often. It says that Pandora brought a box that Zeus had given her. She was warned that she must never open the box. But Pandora was also gifted with curiosity. She could not stand not knowing what was in the box. When she opened it, all sorts of hideous winged creatures came flying out of the box so fast. After Pandora slammed the lid shut, she heard a small fluttering sound from inside the box. Her curiosity caused her to lift the lid once more. A small creature with golden wings flew out. Its name was Hope.

□ soon after 곧
□ ignore 무시하다
□ contents 내용물
□ plague 전염병
□ despair 절망
□ hatred 증오, 혐오
□ warfare 전쟁, 전투
□ desperately 필사적으로

□ lid 뚜껑, 덮개
□ be scattered 퍼지다, 흩어지다
□ gifted with …을 지닌
□ stand ...ing …을 참다, 견디다
□ winged 날개가 달린
□ slam ... shut …을 세게 닫다
□ fluttering (날개가) 퍼덕거리는

1 **be suspicious of** …을 의심하다
But Prometheus was suspicious of Zeus's real reason for sending Pandora to them.
하지만 프로메테우스는 제우스가 판도라를 그들에게 보낸 진짜 이유를 의심했다.

2 **keep + 목적어(A) + secret from B** A를 B에게 비밀로 하다
In his house Epimetheus kept a box, but its contents (which) he kept secret from everyone.
에피메테우스는 집에 상자 하나를 두었는데, 그 내용물을 모두에게 비밀로 했다.

Pygmalion

피그말리온

키프로스는 동부 지중해에 있는
섬나라로 인기있는 관광지랍니다.

Pygmalion, the King of Cyprus, blamed women for all
that was wrong with the world. He decided not to marry
because he mistrusted them. He was a brilliant sculptor
and had carved a beautiful woman out of ivory. [1]

No living woman could compare to the beauty and
perfection of his statue. She was so lifelike that he forgot
he had carved her from ivory and fell in love with her.
He would often lay her gently on a soft, feathery couch
to caress her smooth, cold body. He gave her gifts of
polished gems, flowers, beads, and amber. He clothed
her in fine silks and slipped gold and silver rings on her
fingers. Around her neck he draped strings of pearls.

□ blame A for B B를 A 탓으로 돌리다
□ mistrust 불신하다, 믿지 않다
□ brilliant 탁월한, 훌륭한
□ sculptor 조각가
□ compare to …에 미치다, 견주다
□ lifelike 살아 있는
□ feathery 깃털로 덮인

□ caress 어루만지다
□ polished 잘 다듬은, 광이 나는
□ gem 보석
□ amber 호박
□ clothe A in B A에게 B를 입히다
□ slip 살짝 끼우다
□ drape 걸치다(씌우다)

[1] **carve A out of (from) B** B로 A를 조각하다(만들다)
He was a brilliant sculptor and had carved a beautiful woman
out of ivory. 그는 탁월한 조각가로 상아로 아름다운 여인을 조각했다.

Over time his distrust of women faded and he began to call her his wife. He prayed to Aphrodite, goddess of love and beauty.

"Oh goddess of love," he whispered, "please give me a wife like the beautiful, ivory virgin I created."

Aphrodite heard him. She knew that he was in love with his ivory creation. So as a gesture of goodwill, she granted his wish. [1]

The next day, when Pygmalion returned home, he kissed his ivory wife on the mouth. He was shocked to feel warmth in the lips that had always been cold, and ivory arms that were smooth and soft beneath his fingers.

"It must be a dream!" he thought.

□ over time 시간이 흐르면서
□ distrust 불신(= mistrust)
□ fade 점차 사라지다, 엷어지다
□ goodwill 호의, 선의
□ must + 동사원형 …인 것이 틀림없다
□ keep ...ing 계속 …하다
□ make sure 확인하다

□ blush 얼굴을 붉히다
□ thank A for B B에 대해서 A에게 고마워하다
□ bless 축복하다
□ be named A after B B를 따서 A의 이름이 붙여지다
□ sacred to … 신을 모신, …에게 바치는

1 **grant one's wish** …의 소원을 들어주다
As a gesture of goodwill, she granted his wish.
호의의 표시로, 그녀는 그의 소원을 들어주었다.

He kept watching and touching her to make sure it was not just a dream. The beautiful, perfect woman he had created was indeed alive and waiting to be held in [2] his arms! When he kissed her again, his ivory virgin blushed and opened her eyes and stared at her love.

Pygmalion thanked Aphrodite for granting his wish, and she blessed their marriage. When their first son was born, he was named Paphos after a city in Cyprus sacred to Aphrodite.

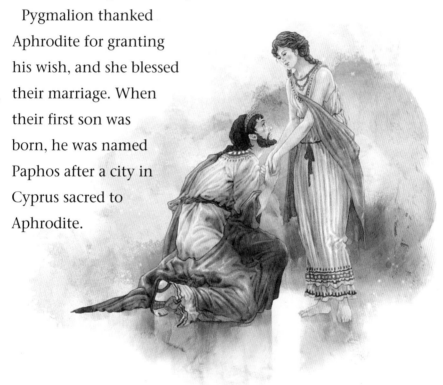

---

[2] **be held in one's arms** …의 품에 안기다
The beautiful, perfect woman he had created was indeed alive and waiting to be held in his arms!
그가 창조한 아름답고 완벽한 여인이 실제로 살아서 그의 품에 안기려고 기다리고 있었다!

Phaeton and the Sun Chariot

파에톤과 태양 마차

Phaeton was the son of Apollo, god of the sun, and the nymph Clymene. One day a friend laughed at the idea that Apollo was his father. Phaeton became angry and ran home to ask his mother to tell him the truth.

"I need proof that I really am of heavenly birth," he cried. "My honor is at stake, Mother!"

"I call the Sun to witness that I have told you the [1] truth, my son," she said. "If I lie, let me be blinded by its rays. But you must go to your father, Apollo and demand the truth from him."

Phaeton was obsessed with his desire to find out the [2] truth. He immediately traveled to the Palace of the Sun in India to find his father. When Phaeton arrived, he was stunned by the great marble columns, solid gold roof and polished ivory ceilings of the palace.

□ nymph 요정
□ heavenly 신의, 하늘의
□ honor 명예
□ at stake (목숨·돈·명예 등이) 걸린, 위태로운
□ be blinded by …에 눈이 멀다

□ ray 광선, 빛
□ be stunned by …에 깜짝 놀라다
□ marble 대리석으로 만든
□ column 기둥
□ solid gold 순금

Q Why did Phaeton go to the Palace of the Sun?

   a. To travel India
   b. To find the truth about his father
   c. To meet his mother

정답 b

1 **call + 목적어(A) + to witness that 절(B)** A에 맹세코 B하다
I call the Sun to witness that I have told you the truth, my son.
아들아, 태양신에 맹세코 나는 너에게 진실을 얘기했단다.

2 **be obsessed with** ⋯에 사로잡히다, 집착하다
Phaeton was obsessed with his desire to find out the truth.
파에톤은 진실을 찾겠다는 열망에 사로잡혔다.

Phaeton climbed up the steep slope and entered the home of the Sun God. He saw Apollo seated on a throne that glittered with diamonds. Apollo noticed Phaeton standing quietly before him.

"Why have you come?" he asked.

"Oh, light of the wide world, Apollo," said Phaeton. "Please give me some proof that you are my father."

"Come closer my son," said Apollo. "Your mother is right. I am your father. And to put an end to your [1] doubts, I will grant you any wish that you desire."

"If you are truly my father, let me drive your great chariot of the sun," said Phaeton.

Apollo immediately regretted his hasty promise, and shook his head.

"I have spoken rashly," he said. "I cannot grant that wish. It is dangerous for a mortal to drive my heavy, flaming chariot. And you are not strong enough. Even Zeus, who hurls the thunderbolts, is incapable of [2] doing so!"

□ steep 가파른, 경사가 심한
□ slope 언덕, 경사지
□ glitter 반짝반짝 빛나다
□ doubt 의심, 의혹
□ regret 후회하다
□ hasty 성급한, 경솔한

□ shake one's head (부정의 의미로) 고개를 젓다 (shake-shook-shaken)
□ rashly 급하게, 경솔하게
□ flaming 불타는
□ hurl (거칠게) 던지다

1 put an end to …을 끝내다, 마무리 짓다
To put an end to your doubts, I will grant you any wish that you desire. 너의 의심을 끝내기 위해서, 나는 네가 바라는 소원은 무엇이든 들어주마.

2 be incapable of …ing …하는 것이 불가능하다
Even Zeus, who hurls the thunderbolts, is incapable of doing so!
심지어 벼락을 던지는 제우스도 그렇게 하는 것은 불가능하단다!

Mini-Less☀n

See p. 121

to 부정사의 의미상 주어
to 부정사의 주어가 문장 전체의 주어와 일치하지 않을 때는 to 부정사 앞에 「for+명사[대명사]」 형태로 to 부정사의 의미상의 주어를 밝혀 주어야 합니다.

• It is dangerous for a mortal to drive my heavy, flaming chariot.
  인간이 나의 육중하고 불타는 마차를 모는 것은 위험한 일이야.
• He waited all day for her to call him. 그는 그녀가 전화하기를 하루 종일 기다렸다.

But Phaeton cried, "I have inherited some of your mighty power, and I am much stronger than you think!"

"But heaven is constantly turning around," said Apollo. "You can't possibly keep your course while the earth is revolving under you! Even with all my power, I find it difficult to control my fire-breathing horses. What will you do when you meet the monsters along the way? You will pass by the horns of the Bull, the Lion's jaws, and when you see the terrifying Scorpion and the Crab pointing in different directions, you may lose your way. Don't become obsessed with something you cannot possibly control. Surely my fears for you prove that you are my son."

"I believe you, Father," said Phaeton. "But now let me prove I am your rightful son."

"Look around you, and choose something less dangerous," cried Apollo. "I know I have sworn to grant your wish, but I beg you to choose more wisely." [1]

- □ inherit 물려받다
- □ constantly 계속해서, 끊임없이
- □ possibly (부정문에서 can과 함께) 도저히 …못하다
- □ revolve 회전하다, 돌다
- □ fire-breathing 불을 뿜는
- □ terrifying 무시무시한, 무서운
- □ scorpion 전갈

- □ lose one's way 길을 잃고 헤매다
- □ rightful 적법한, 합법적인
- □ swear to + 동사원형 …할 것을 맹세하다 (swear-swore-sworn)
- □ the following night 다음 날 밤
- □ harness A to B A를 B에 마구로 연결하다
- □ flame 불꽃, 불길

But Phaeton would not change his mind, so Apollo led him to his large chariot. Phaeton was dazzled by [2] the sight of the golden chariot with its silver wheels, and rows of sparkling diamonds.

As the early dawn appeared in the east, Apollo and Phaeton watched as the stars withdrew from the sky to rest until the following night. While his horses were ☀ harnessed to the chariot, Apollo covered Phaeton's face with a special potion to save his skin from the sun's flames.

---

1 **beg + 목적어(A) + to + 동사원형(B)** B할 것을 A에게 부탁(애원)하다
I know I have sworn to grant your wish, but I beg you to choose more wisely. 내가 너의 소원을 들어주기로 맹세한 것은 알고 있지만, 좀더 현명하게 선택할 것을 너에게 부탁하마.

2 **be dazzled by** …에 눈이 부시다
Phaeton was dazzled by the sight of the golden chariot with its silver wheels, and rows of sparkling diamonds. 파에톤은 은으로 만든 바퀴와 번쩍이는 다이아몬드들이 줄지어 박혀 있는 황금 마차의 모습에 눈이 부셨다.

Mini-Less☀n

until vs. by

until과 by는 '…까지' 라는 뜻의 전치사인데요, until은 그 시점까지 계속되는 '진행'에 중점을 둔 표현이고, by는 그 시점까지 끝나는 '완료'에 중점을 둔 표현이랍니다.

• Apollo and Phaeton watched as the stars withdrew from the sky to rest until the following night. 아폴로와 파에톤은 별들이 다음 날 밤까지 쉬기 위해 하늘에서 물러가는 모습을 보았다.
• By that time, the practice was over. 그때까지는, 연습이 끝나 있었다.

"Now, remember to hold the reins tightly," said Apollo. "The horses are very fast and are difficult to control, so only use the whip to correct their direction. Keep in the middle zone and avoid the northern and southern regions, and follow the wheel marks that you see on the path. Don't go too high or you will burn the heavenly ☀ dwellings, and don't go too low or you will set the earth on fire. It is safer to take the middle course."

The horses snorted and stamped their feet impatiently. [1]

Phaeton jumped into the chariot, and with a flick of the reins the chariot darted forward to outrun the morning breezes.

Despite his father's advice, Phaeton couldn't remember how to guide the horses. And he soon realized that he didn't have enough strength to control them.

When Phaeton looked down at the earth, his knees began to shake with fright. Then his eyesight began to fade in the bright sunlight.

□ rein 고삐
□ whip 채찍
□ correct 바로잡다, 정정하다
□ avoid 피하다
□ dwelling 사는 곳, 주거(지)
□ set ... on fire ···에 불을 붙이다
□ snort (말 등이) 콧소리를 내다
□ jump into ···안으로 뛰어들다

□ flick (채찍 등의) 가볍게 치기
□ dart forward 쏜살같이[휙] 앞으로 달리다
□ outrun ···보다 더 빨리[멀리] 달리다
□ breeze 바람, 미풍
□ despite ···에도 불구하고
□ with fright 무서워서, 놀라서
□ eyesight 시력

1 **stamp one's feet** 발을 구르다
The horses snorted and stamped their feet impatiently.
말들이 콧소리를 내며 성급하게 발을 굴렀다.

Mini-Less :❋: n

명령형 + or : ···하거라 그렇지 않으면

• Don't go too high or you will burn the heavenly dwellings, and don't go too low or you will set the earth on fire. 너무 높이 올라가지 말거라 그렇지 않으면 신들이 사는 곳을 태울 것이다. 그리고 너무 낮게 가지 말거라 그렇지 않으면 대지에 불을 붙일 것이다.
• Get out or you will get hurt. 밖으로 나가거라 그렇지 않으면 다칠 거야.

"Oh, why did I question my parentage?" he thought, anxiously. "Why was I so obsessed with the idea of taking this journey?"

Phaeton felt powerless, and all he could do was pray for survival. Phaeton's courage completely disappeared when he saw the monsters scattered around the surface of heaven. The reins fell from Phaeton's hands and the horses pulled the fiery chariot up to the heavens and then down to scrape the earth. The clouds began to smoke, and the plants and trees withered and burned. The fields became parched with the fierce heat, and the harvest was set a blaze. Great cities perished and their people were turned to ashes. The mountains burned [1] and the earth's water dried up.

Phaeton saw that the world was on fire, and smelled the burning ashes in the air. Libya became a desert, and remains same today. The great Nile River fled and hid its source in the desert where it still remains hidden today.

---

[1] **be turned to ashes** 재로 변하다
Great cities perished and their people were turned to ashes.
큰 도시들이 사라지고 사람들은 재로 변했다.

The sea shrank, and when Poseidon swam to the surface he was driven back by the searing heat. Dolphins and fish had to find deeper waters to survive.

As the earth slowly died, she looked up to the heaven and called to Zeus.

□ question ···에 의문을 갖다, 의심하다
□ parentage 태생, 혈통
□ powerless 무기력한, 힘이 없는
□ fiery 불이 붙은, 활활 타는
□ scrape 스치며 나가다, 긁다
□ wither 시들다
□ parched (땅 등이) 바짝 마른, 불에 그을린

□ fierce 심한, 격렬한
□ be set a blaze 불이 붙다
□ perish 사라지다, 소멸되다
□ dry up 마르다
□ shrink 줄어들다
　(shrink-shrank-shrunk)
□ searing 타는(태울) 듯한

"Oh, the ruler of the gods, don't let me perish from the sun's fire! I have always given you fertile soil to provide food for the cattle and for the men who tend them. You may believe that I am unworthy, but what have the rivers, seas and lakes done to deserve such a fate? Atlas, who holds me aloft, is exhausted from the heat, and his great arms now quiver and threaten to collapse. If the sea, the earth, and the heavens perish, the whole universe will fall into chaos. Only you can save the earth, Zeus!"

□ **fertile** 비옥한, 기름진
□ **tend** 보살피다, 돌보다
□ **unworthy** 가치 없는
□ **fate** 운명
□ **aloft** 위로 높이
□ **quiver** 떨리다, 흔들리다
□ **threaten to + 동사원형** …하려는 조짐이 보이다

□ **collapse** 무너지다, 붕괴하다
□ **fall into chaos** 혼돈에 빠지다
□ **lofty** 아주 높은, 고귀한
□ **echo around** …에 울려 퍼지다
□ **shooting star** 별똥별, 유성
□ **undertake** 맡다, 하다
□ **be unsuited to** …에게 적합하지 않다
□ **overestimate** 과대평가하다

Zeus heard the earth's pleas and called all the gods
together, including Apollo. He climbed up his
lofty tower from where he usually directed the clouds,
but there were no clouds to be seen. He sent his thunder
echoing around the earth before he fired a lightning   Zeus를 뜻해요.
bolt at his* great chariot. Phaeton's hair caught fire, and   Phaeton을 뜻해요.
he, the horses and flaming chariot fell like a shooting
star into the great river, Eridanus. He was burnt alive
before the waters cooled his burning body.

Phaeton was determined to undertake
something that he was clearly
unsuited to. This is a warning
to all of us that we must
know our limits and
never overestimate
our abilities.

 Check-up Time!

● **WORDS**

퍼즐의 빈칸에 들어갈 알맞은 철자를 써서 단어를 완성하세요.

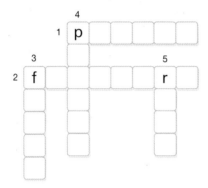

Across

1. 사라지다, 소멸하다
2. 깃털로 덮인

Down

3. 불꽃, 불길
4. 전염병
5. 고삐

● **STRUCTURE**

괄호 안의 두 단어 중 맞는 것에 동그라미 하세요.

1 Phaeton was dazzled (by / with) the sight of the golden chariot.

2 The beautiful, perfect woman he had created was indeed alive and waiting to be held (on / in) his arms!

3 Phaeton was determined to undertake something that he was clearly unsuited (to / of).

● COMPREHENSION

다음은 누가 한 말일까요? 기호를 써넣으세요.

a.

Pygmalion

b.

Phaeton

c.

Apollo

1 "Now, remember to hold the reins tightly." _____

2 "I need proof that I really am of heavenly birth." _____

3 "Please give me a wife like the beautiful, ivory _____
virgin I created."

● SUMMARY

빈칸에 맞는 말을 골라 이야기를 완성하세요.

Phaeton was the son of Apollo, but was (　　) of his noble
birth. He met his father and Apollo said that Phaeton was
his son. But Phaeton asked him to let him drive his (　　).
Although Apollo tried to hold him back, Phaeton didn't
listen. He got on the chariot, but he lost the (　　) and
caused a big fire on the earth. As the earth slowly (　　),
Zeus fired a thunderbolt and Phaeton lost his life.

a. chariot　　　b. suspicious　　　c. died　　　d. reins

Comprehension | 1. c　2. b　3. a　　Summary | b, a, d, c

Chapter 2 ● 51

Aphrodite and Adonis

아프로디테와 아도니스

One day, Eros was playing with his bow when he accidentally fired a golden arrow. It wounded his mother, Aphrodite, goddess of love and beauty. Before she could pull the arrow from her body, she saw the beautiful youth, Adonis, and was captivated with him. From that moment, she was only interested in Adonis.

She followed him everywhere. Instead of relaxing in the shade as she usually did, Aphrodite began to wander through the woods and over the hills. She dressed like the huntress, Artemis. She used her dogs to chase hares and stags and other wild game. But she kept clear of the wolves and bears that slaughtered [1] the farmers' cattle and sheep.

- □ accidentally 우연히, 실수로
- □ fire an arrow 활을 쏘다
- □ wound …에게 상처를 입히다
- □ pull A from B B에서 A를 빼내다
- □ youth 청년, 젊은이
- □ be captivated with …에 사로잡히다, 매혹되다
- □ be interested in …에 관심(흥미)을 가지다
- □ in the shade 그늘에서
- □ huntress 여자 사냥꾼
- □ chase 뒤쫓다, 추격하다
- □ hare 산토끼
- □ stag 수사슴
- □ wild game 야생 사냥감
- □ slaughter 해치다, 죽이다
- □ cattle (소 등 가축의) 떼

1 **keep clear of** …을 피하다, …에서 떨어져 있다

But she kept clear of the wolves and bears that slaughtered
the farmers' cattle and sheep.

하지만 그녀는 농부의 소 떼와 양들을 해치는 늑대들과 곰들은 피했다.

"Beware how you expose yourself to danger," she said to Adonis. "Do nothing to risk our happiness. Do not attack those animals with vicious jaws, sharp teeth and great strength. Remember that your youth and beauty cannot protect you against lions and wild boars. Oh, [1] I hate all wild beasts!"

"But why do you despise them so much?" asked Adonis.

"Atalanta and Hippomenes[*] did not thank me for bringing them happiness together," she said. "So I changed them into lions!" 아탈란타와 히포메네스는 아프로디테의 도움으로 결혼했지만 감사하는 것을 잊어 노여움을 샀답니다.

Then she kissed Adonis and rode away in her chariot. But Adonis was young and fearless and forgot Aphrodite's message. Very soon, his dogs picked up [2] the scent of a wild boar and surrounded it. He threw his spear at it, but only succeeded in wounding the animal. The wild beast became enraged and pulled out the spear that injured him. Then it rushed at Adonis.

□ beware 조심하다, 주의하다
□ expose oneself to …에 노출되다
□ vicious 사나운, 날카로운
□ wild boar 야생 수퇘지
□ despise 증오하다, 미워하다
□ ride away 타고 가버리다
　(ride-rode-ridden)

□ fearless 겁이 없는
□ throw A at B A를 B를 던지다
□ spear 창
□ succeed in ...ing …하는 데 성공하다
□ enraged 격분한, 분노한
□ rush at …을 향해 돌진하다

1　**protect A against B** A를 B로부터 보호하다
　Remember that your youth and beauty cannot protect you against lions and wild boars. 당신의 젊음과 아름다움도 당신을 사자와 야생 수퇘지로부터 보호해 주지 못한다는 것을 기억하세요.

2　**pick up the scent of** …의 냄새를 맡다
　Very soon, his dogs picked up the scent of a wild boar and surrounded it.
　곧 그의 개들이 야생 수퇘지의 냄새를 맡고 그것을 둘러쌌다.

The frightened young hunter turned and ran, but the boar caught him and gored him in the side with his tusks.

Aphrodite heard her young lover's agonizing cries as he lay dying. She quickly turned around and hurried back to where she had left him. She saw his lifeless, blood-soaked body lying beneath a tree. In her grief, she screamed and savagely beat her chest and tore at her hair.

"I cannot make your heart beat again, my love," she said. "But where your blood now lies soaking the earth, I will bring forth a flower more beautiful than any other. It will forever remind mankind of your [1] youth and beauty."

As she spoke, Aphrodite sprinkled nectar on his spilt blood. Bloodred flowers instantly sprang up and covered the ground. But like Adonis, the flowers' lives are short. They are known as Anemones, but some call them Wind Flowers because the wind first blows the flowers open, then blows the petals away. [2]

아네모네는 그리스어로 바람을 뜻하는 Anemos에서 따온 꽃이름입니다.

□ gore 뿔로 찌르다
□ tusk (코끼리 등의) 어금니
□ agonizing 괴로워하는
□ lifeless 죽은, 생명이 없는
□ blood-soaked 피에 흠뻑 젖은
□ in one's grief 슬픔에 잠겨
□ savagely 심하게, 맹렬하게
□ tear at …을 쥐어뜯다
　(tear-tore-torn)

□ bring forth 피어나게 하다, 생산하다
□ sprinkle A on B A를 B에 뿌리다
　(끼얹다)
□ nectar 신주(신들이 마시는 음료), 과즙
□ spilt 흘려진
□ instantly 즉각적으로
□ spring up 갑자기 생겨나다
　(spring-sprang-sprung)
□ petal 꽃잎

1　**remind A of B** A에게 B를 떠올리게(생각나게) 하다
　It will forever remind mankind of your youth
　and beauty. 이 꽃은 영원히 인간들에게 당신의 젊음과
　아름다움을 떠올리게 해 줄 거예요.

2　**blow ... away** …을 날려보내다
　The wind first blows the flowers open,
　then blows the petals away.
　먼저 바람이 불어 꽃을 피운 다음 꽃잎들을 날려보낸다.

Apollo and Daphne

아폴로와 다프네

Daphne was Apollo's first love.
This did not happen by chance,
but by the malice of Eros.
One day, Apollo saw the young Eros
playing with his bow and magical arrows.
"Why do you have those weapons, boy?" said
Apollo. "They should only be in the hands of those
who need to hunt or defend themselves. Play with your
torch, child, and leave the weapons for men to use."

"Your arrows may conquer anything in this world,
Apollo, but mine shall conquer your heart," said Eros
angrily.

□ by chance 우연히
□ malice 악의, 나쁜 의도
□ defend oneself 자신을 방어하다
□ conquer 정복하다, 무찌르다
□ draw A from B A를 B에서 꺼내다
□ quiver (등에 메는) 화살통
□ arouse (감정 등을) 일으키다

□ lead 납
□ be certain to + 동사원형 반드시 …하다
□ repel 물리치다, 쫓아버리다
□ strike 찌르다 (strike-struck-struck)
□ shoot 쏘다 (shoot-shot-shot)
□ in turn 그와 반대로

1 **be tipped with** 끝이 …로 씌워지다〔장식되다〕
The other was tipped with lead and certain to repel love.
다른 화살은 끝이 납으로 씌워져 있었고 반드시 사랑을 물리쳤다.

As he spoke, he drew two arrows from his quiver. One was gold with a sharp point. It was used to arouse love. The other was tipped with lead and certain to repel love. [1]

Eros fired the lead tipped arrow and it struck the nymph Daphne, daughter of the river god Peneus. Then he shot Apollo through the heart with the golden arrow.

Apollo immediately fell in love with Daphne who, in turn, hated him.

❓ Eros shot _____ through the heart
   ∟ with the lead tipped arrow.

정답 Daphne

Apollo followed Daphne everywhere and longed to make her his wife. He wanted to feel her long and soft hair that fell loosely over her shoulders. He wished to gaze into her bright eyes. His desire to kiss her lips almost drove him mad. But every time he appeared, she fled swifter than the wind.

"Stay," he begged, "I'm not your enemy. Please don't flee from me as a lamb flees from the wolf. It is for love that I pursue you. My heart breaks each time you run away from me. Although I am the god of medicine, I can find no cure for my aching heart! Only your love will ease my pain."

1 **gain on** …에 접근하다, …을 바싹 추격하다
When he began to gain on her, she called for her father's help.
그가 그녀에게 접근하자, 그녀는 아버지에게 도움을 요청했다.

Mini-Lesson

with + 명사(A) + 분사형 동사(B): A가(를) B하는 동안(한 채) See p. 122
어떤 동작이 다른 동작과 동시에 일어나는 상황을 설명하고 싶을 때는 「with+명사(A)+분사형 동사 (B)」를 써서 나타내며, 'A가 B하는 동안'으로 해석하면 된답니다.

- She continued to flee, with Apollo chasing her.
  아폴로가 그녀를 쫓아다니는 동안 그녀는 계속해서 도망쳤다.
- She played the violin, with her father watching her.
  아버지가 지켜보는 동안 그녀는 바이올린을 연주했다.

Apollo grew impatient as Daphne constantly rejected his love. She continued to flee, with Apollo chasing ☀ her. When he began to gain on her, she called for her[1] father's help.

"Help me, father!" she cried. "Let the earth open and envelop me, or change my form to escape my danger!"

□ long to + 동사원형 …하기를 갈망하다
□ fall loosely (머리 등이) 축 늘어지다
□ gaze into …을 들여다보다
□ drive ... mad …을 미치게 하다
□ swift 재빨리, 신속히
□ flee from …에게서 도망치다
□ pursue 쫓다, 따라다니다
□ run away from …에게서 도망치다

□ aching 아픈, 고통스러운
□ ease one's pain …의 고통을 줄어들게 하다
□ impatient 초조한, 급한
□ reject 거절(거부)하다
□ call for one's help …에게 도움을 요청하다
□ envelop 감추다

Suddenly her limbs became stiff and soft bark wrapped itself around her body. Where once there had been [1] long, flowing hair, now there were leaves. Where her arms and legs had been, there were branches and roots. Daphne's beautiful face, which Apollo adored so much, became the treetop.

Apollo was astonished at Daphne's transformation. He touched the tree trunk and felt the flesh tremble beneath the new bark. He lavished kisses on the laurel tree but it shrank from his lips.

☐ limb 사지, 팔다리
☐ stiff 뻣뻣한, 유연성이 없는
☐ bark 나무껍질
☐ wrap oneself around ⋯ 주위를 감싸다, ⋯을 휘감다
☐ adore 사모하다, 애정하다
☐ treetop 나무 꼭대기
☐ be astonished at ⋯에 깜짝 놀라다
☐ transformation 변신, 변화
☐ tree trunk 나무 몸통
☐ flesh 살
☐ lavish A on B B에 A를 퍼붓다

☐ laurel tree 월계수
☐ shrink from ⋯을 피하다, 겁내다
☐ decorate A with B A를 B로 장식하다
☐ conqueror 정복자
☐ march in triumph 승리의 행진을 하다
☐ be woven into ⋯로 엮어지다
☐ wreath 화관, 화환
☐ eternal 영원한, 변함없는
☐ bow one's head 머리를 숙이다
☐ in grateful acknowledgement 감사의 표시로

1 **Where once there had been A, now there was [were] B**
한때 A가 있었던 곳에, 이제는 B가 있었다
Where once there had been long, flowing hair, now there were leaves. 한때 길고 출렁이는 머리가 있었던 곳에, 이제는 잎들이 있었다.

"Since you cannot be my wife," he said, "you shall be my tree. I will make my crown from your leaves. I will decorate my harp with your branches. And when the Roman conquerors march in triumph, your leaves will be woven into their winners' wreaths. And because eternal youth is mine, you will always be green and your leaves will never grow old."

Daphne, the laurel tree, bowed her head in grateful acknowledgement.

🏅 Check-up Time!

● WORDS

빈칸에 알맞은 단어를 보기에서 골라 써넣으세요.

accidentally	savagely	loosely

1 In her grief, she screamed and _____ beat her chest.

2 Eros was playing with his bow when he _____ fired a golden arrow.

3 Apollo wanted to feel her long and soft hair that fell _____ over her shoulders.

● STRUCTURE

빈칸에 알맞은 단어를 골라 문장을 완성하세요.

1 Aphrodite was _____ with Adonis.
  a. captivate   b. captivating   c. captivated

2 The other was _____ with lead and certain to repel love.
  a. tipped   b. tipping   c. tip

3 He threw his spear at it, but only succeeded in _____ the animal.
  a. wounded   b. wounding   c. wound

ANSWERS

다음 질문에 알맞은 답을 고르세요.

1 How did Adonis die?

　a. He was attacked by a wild boar.

　b. He was shot in his heart by Eros's golden arrow.

2 What did Apollo want from Daphne?

　a. He wanted her to be changed into a tree.

　b. He wanted her to be his wife.

● SUMMARY

빈칸에 맞는 말을 골라 이야기를 완성하세요.

One day Apollo saw Eros playing with his bow and arrows. Apollo made fun of him and he was angry. So he shot a (　　) arrow into Apollo's heart and a lead tipped arrow into Daphne. Apollo fell in love with her, but (　　) she hated him. Apollo followed her everywhere, but Daphne tried to (　　) from him. Finally, Daphne asked her father for his help. Apollo was sad about her (　　) and he promised that he would make the tree always be green and never grow old.

a. flee　　b. transformation　　c. in turn　　d. golden

Comprehension | 1. a　2. b
Summary | d, c, a, b

아테나 신전

The Temple of Athena

The Temple of Athena or The Parthenon is one of the most famous buildings of ancient Greece. It was built between 447 and 432 BC in the Doric style. This magnificent structure was built of marble to show the world the dominance and power of Athena. Measured at the top step of the platform, the dimensions of the Parthenon are 69.5 meters by 30.9 meters. It contained a giant statue of Athena, made of ivory and gold. The temple was partially destroyed in 1687, but recently the Greek government tries to restore it.

아테나 신전(파르테논 신전)은 고대 그리스 건축물 가운데 가장 유명한 건축물 중 하나입니다. 신전은 기원전 447년에서 432년까지 도리스식으로 건설되었습니다. 이 웅장한 건축물은 아테나 여신의 지배력과 힘을 세상에 보여주기 위해 대리석으로 지어졌습니다. 파르테논 신전은 맨 윗단에서부터 꼭대기까지 가로 69.5미터에 세로 30.9미터 규모입니다. 신전 안에는 상아와 금으로 만든 거대한 아테나 상이 있습니다. 신전은 1687년에 부분적으로 파손되었지만, 최근 그리스 정부가 신전을 복원하기 위해 노력하고 있습니다.

올림피아의 제우스 신전

The Temple of Zeus at Olympia

The Temple of Zeus at Olympia in Greece is a colossal temple dedicated to Zeus. The temple was built between 472 and 456 BC in the classic Doric style, on a raised rectangular platform with three steps. Originally there were more than 100 giant columns, but now only 15 columns are left. Inside the temple was a statue of Zeus, created of ivory and gold over a wooden frame. It was 12 meters high and was made by the famous sculptor Phidias but unfortunately it does not exist today. It was so magnificent that it became what it is known to us as one of the "Seven Wonders of the Ancient World".

그리스 올림피아의 제우스 신전은 제우스 신에게 바치는 거대한 신전입니다. 신전은 기원전 472년부터 456년 사이에 지어졌으며 고전적인 도리스식 건물로, 3단으로 된 직사각형 단 위에 지어졌습니다. 원래는 100개 이상의 거대한 기둥들이 있었지만, 지금은 15개만이 남아 있습니다. 신전 안에는 나무로 만든 단 위에 상아와 금으로 만든 제우스 상이 있었습니다. 12미터 높이의 제우스 상은 유명한 조각가 피디아스의 작품이었지만, 유감스럽게도 현재는 남아 있지 않습니다. 이 조각상은 너무 웅장해서 '세계 7대 불가사의' 중 하나로 알려지게 되었습니다.

Athena and Arachne

아테나와 아라크네

Athena, goddess of wisdom, was the daughter of Zeus. She also took care of agriculture, navigation, spinning, weaving, and needlework. The legend says that she sprang fully-grown and dressed in armor from her father's head. Athena's appearance was warlike, but she only made war against those who were on the side of [1] evil.

Arachne, a mortal, was skilled in spinning, weaving and needlework. Her skill in all needlework was well known and people traveled long distances to watch her work. She made the work look easy as her long fingers spun and weaved the wool into beautiful garments. [2]

---

1 **make war against** …을 공격하다, …와 전쟁을 시작하다
   Athena's appearance was warlike, but she only made war against those who were on the side of evil.
   아테나의 모습은 호전적이었지만, 악한 사람들만을 공격했다.

2 **weave A into B** A를 짜서(엮어서) B를 만들다
   She made the work look easy as her long fingers spun and weaved the wool into beautiful garments.
   그녀의 긴 손가락이 실을 잣고 양털을 짜서 아름다운 의복을 만들어 일이 쉬워 보였다.

But when she heard someone say that Athena might have taught her, she became very angry. She was jealous of being placed in an inferior place to the goddess. She challenged Athena to a contest. Athena was disturbed when she heard this, but she decided to give the young woman a chance to redeem herself.

□ navigation 항해술
□ spinning 방적
□ weaving 길쌈
□ needlework 바느질, 재봉
□ legend says 전설에 따르면
□ fully-grown 다 자란 상태로
□ warlike 호전적인, 전쟁의
□ be skilled in …에 솜씨가 좋다

□ spin (실을) 잣다 (spin-spun-spun)
□ garment 의복, 의상
□ be placed in an inferior place to
　…보다 낮게 평가되다
□ challenge A to B A에게 B(싸움 등)를
　걸다
□ be disturbed 기분이 상하다
□ redeem oneself (실수 등을) 만회하다

Athena disguised herself as an old woman and went to visit Arachne.

"I have many years of experience," said Athena. "So I hope you will not ignore my advice. To challenge a goddess is dangerous. You would be better to only [1] challenge mortals like yourself. You should ask Athena for forgiveness for what you have said."

Arachne immediately stopped her spinning and looked angrily at the old woman.

"Keep your advice for your daughters," said Arachne. [2]
"I stand by my challenge. I am not afraid of the
goddess. Let her try her skill against me if she dares!" [3]

"Then I accept your challenge!" said Athena as she
dropped her disguise.

The frightened bystanders quickly knelt down before
her. Arachne blushed and then turned pale. But she was
not afraid of her visitor. The contest began. Both
women worked quickly and skillfully as their hands
wove the threads into exquisite designs.

□ disguise oneself as ···로 변장하다
□ stand by 고수하다, 계속 지키다
□ if + 주어 + dare 할 수 있다면
□ drop one's disguise 변장을 풀다
□ bystander 구경꾼

□ kneel down before ···앞에
무릎을 꿇다 (kneel-knelt-knelt)
□ skillfully 능숙하게, 솜씨 좋게
□ thread 실
□ exquisite 아주 아름다운, 정교한

1 **would be better to + 동사원형** ···하는 편이 나을 것이다
You would be better to only challenge mortals like yourself.
아가씨는 당신과 같은 인간들과만 겨루는 편이 나을 것이오.

2 **keep A's advice for B** A의 충고를 B에게 하다
Keep your advice for your daughters.
당신의 충고는 당신 딸들에게 하세요.

3 **try A against B** A를 B와 겨루어 보다
Let her try her skill against me if she dares!
할 수 있다면 자신의 솜씨를 나와 겨루어 보라고 하세요!

Athena wove a scene showing the majesty of the gods, while Arachne chose to weave into her cloth examples of the failings of the gods.

Although Athena admired the delicacy of Arachne's work, she was insulted by the message it portrayed. Suddenly she tore Arachne's tapestry* to pieces and destroyed the loom. Then she touched Arachne's forehead.

여러 가지 색실로 그림을 짜넣은 직물을
태피스트리라고 해요.

Instantly the young woman felt guilty and ashamed of her actions. Arachne fell into a deep depression and [1] tried to hang herself. Athena took pity on the hanging [2] Arachne and brought her back to life.

"I won't let you die, Arachne," she said. "But to ensure that you remember the lesson you've learned today, your descendents will hang and weave forever."

□ majesty 위엄, 장엄함
□ failing 잘못, 과오
□ delicacy 섬세함, 우아함
□ be insulted by …로 모욕을 느끼다
□ portray 묘사하다, 나타내다
□ tear ... to pieces …을 갈기갈기 찢다
□ loom 베틀, 직기
□ feel ashamed of …에 대해
　　수치심을 느끼다
□ hang oneself 목매달아 죽다
□ bring ... back to life …을 다시 살려내다

□ ensure that절 …을 확실히 하다
□ descendent 자손, 후예
□ aconite 아코나이트, 바꽃
　　(진통제, 강심제)
□ fall off 떨어져 나가다
□ no bigger than …보다 전혀
　　크지 않은
□ scurry 종종걸음을 걷다
□ transform A into B A를 B로
　　변형시키다

Athena sprinkled Arachne with the juices of aconite [3] and immediately Arachne's hair, nose and ears fell off. Her body shrank and her head grew smaller. Her long fingers became extra limbs that grew from each side of her body. Soon, she was no bigger than a bug and scurried along on eight legs.

She now produces and spins thread from her body and is often found hanging from her web. Athena had transformed Arachne into a spider.

---

1 **fall into a deep depression** 깊은 절망에 빠지다
Arachne fell into a deep depression and tried to hang herself.
아라크네는 깊은 절망에 빠져 목매달아 죽으려 했다.

2 **take pity on** …을 불쌍히 여기다
Athena took pity on the hanging Arachne and brought her back to life.
아테나는 목을 매단 아라크네를 불쌍히 여겨 그녀를 다시 살려냈다.

3 **sprinkle A with B** B를 A에게 뿌리다(끼얹다)
Athena sprinkled Arachne with the juices of aconite.
아테나는 아코나이트 액을 아라크네에게 뿌렸다.

Eros and Phyche

에로스와 프시케

Aphrodite, goddess of love, became jealous of Psyche, a beautiful, young, mortal princess. The fame of Psyche's beauty was so great that crowds of strangers came to look at her. Aphrodite found that the men who had once idolized her now turned their devotion to this young virgin.

"Am I to be overshadowed by a mortal girl?" she cried. "Zeus has judged that I am more beautiful than all others! I will not allow her to take my place of honor!" [1]

She called her son, Eros, god of love, and told him to punish Psyche.

1 **take one's place of honor**
…의 명예를 차지하다
I will not allow her to take my place of honor!
그녀가 나의 명예를 차지하도록 내버려두지 않으리라!

"You must make her fall in love with an ugly, mean man of low class," she ordered.

Eros hurried to obey his mother's orders. In Aphrodite's garden were two fountains. One had sweet, fresh water that would produce a perfect love. From the other poured a bitter liquid that would increase the misery of an unsuitable marriage. Eros filled two bottles, one from each fountain, and quickly flew to Psyche's bedchamber.

☐ idolize 우상화하다, 숭배하다
☐ devotion 헌신
☐ be overshadowed by …로 빛을 잃다, 그늘지다
☐ low class 하층 계급
☐ obey one's order …의 명령에 복종하다(따르다)

☐ fountain 분수, 샘
☐ bitter (음식 등이) 맛이 쓴
☐ liquid 액체
☐ unsuitable 적합하지 않은, 맞지 않는
☐ bedchamber 침실

Eros dropped a little of the bitter liquid onto Psyche's lips while she slept. She immediately opened her eyes. Eros was so startled by her beauty that he instantly fell in love with her. Frantically, he tried to reverse the mischief he had done by pouring the sweet water of love over her face.

After that many men of all classes admired Psyche's beauty, but none was brave enough to suggest marriage. Her two sisters married royal princes, but Psyche remained alone and grew to hate her beauty. Meanwhile, Eros thought of nothing but his love for her. Psyche's parents were afraid that they had made the gods angry. They asked Apollo for his help.

"Your daughter is destined to be the bride of an [1] immortal lover," he said. "Her future husband waits for her on the top of the mountain. He is a monster who is stronger than any man or god."

□ be startled by …에 깜짝 놀라다
□ frantically 극도로 흥분해서
□ reverse 되돌리다, 뒤집다
□ mischief 실수, 피해
□ suggest marriage 청혼하다
□ grow to + 동사원형 점점 …하게 되다
□ nothing but 오직 …만 (= only)
□ bride 신부

□ immortal 불멸의, 죽지 않는, 신의
□ make an arrangement for
　…을 위한 준비를 하다
□ fill with …가 차오르다
□ lift (위로) 들어 올리다
□ lush 푸른 풀이 많은, 무성한
□ lie down 드러눕다 (lie-lay-lain)

Psyche's parents made arrangements for the wedding and left her on the top of the mountain. Her eyes filled with tears as she watched them return to their home, and she trembled with fear. Then the gentle wind lifted her and carried her into a lush green valley. She lay down to rest and eventually fell asleep.

---

1 **be destined to + 동사원형** ···할 운명이다
   Your daughter is destined to be the bride of an immortal lover.
   너의 딸은 불멸의 연인의 신부가 될 운명이다.

When she awoke, Psyche saw a path and followed it
to a majestic palace that she thought must have been ☀
built by a god. She went inside and saw golden pillars
supporting the high, arched roof and walls covered
with magnificent carvings and paintings. The rooms
were richly decorated and filled with treasures.

Suddenly she heard a voice.

Mini-Less☀n

must have + p.p. : 틀림없이 …였을 것이다, …였음에 틀림없다
'틀림없이(분명) …였을 것이다, …였음에 틀림없다' 처럼 과거의 일에 대한 강한 추측을
나타낼 때는 「must have + p.p.」를 쓰면 된답니다.

- When she awoke, Psyche saw a path and followed it to a majestic palace that she
  thought must have been built by a god. 잠에서 깼을 때, 그녀는 어떤 길을 보고는 그 길을 따라
  틀림없이 신이 지었을 것이라는 생각이 드는 웅장한 궁전까지 갔다.
- She must have felt wonderful. 그녀는 기분이 좋았음에 틀림없다.

"Dearest lady," said the voice, "all that you see is yours. Servants will obey all your commands. A bath will be made ready when you require it. Supper will await you when you desire it."

Psyche rested and bathed and then sat down to supper. An invisible choir entertained her as she ate the delicious food. She had not yet seen her new husband but was intrigued to know what he was like.

□ majestic 웅장한
□ pillar 기둥
□ support 떠받히다, 지탱하다
□ arched 아치 모양의
□ carving 조각품
□ command 명령
□ bathe 목욕하다, 몸을 씻다

□ sit down to supper 저녁 식사 자리에 앉다
□ invisible 보이지 않는
□ choir 합창단
□ entertain 즐겁게 하다, 기쁘게 하다
□ be intrigued to + 동사원형 …하는 데 흥미를 느끼다

Her husband came to Psyche in the darkness that night and disappeared before dawn. He whispered sweet messages of love that inspired passion in her. She often begged him to stay so that she could see him in the light, but he refused.

"Why do you wish to see me?" he said. "If you saw me, you might fear me. I love you. All I ask is that you love me as an equal and do not adore me as a god."

Psyche obeyed her husband's wishes and for a while she was happy. Then the palace began to feel like a prison and she told her husband that she wished to see her family. He agreed to let her sisters visit her, and before long they arrived at the palace.

□ inspire A in B B 안에 A를 불어넣다
□ passion 열정, 격정
□ refuse 거절하다, 거부하다
□ equal 동등(대등)한 사람
□ feel like a prison 감옥처럼 느껴지다
□ before long 얼마 지나지 않아
□ surroundings (주위의) 환경, 상황
□ confess 고백(인정)하다

□ fill A's mind with B A의 마음에 B를 불어넣다
□ suspicion 의심
□ monstrous 괴물 같은
□ serpent (거대한) 뱀
□ devour 집어삼키다, 먹어 치우다
□ Take care. 몸 조심해.
□ free oneself 도망치다
□ cut off 자르다

Psyche's sisters were envious of her fantastic [1] surroundings and asked about her husband. When Psyche confessed that she had never seen him, her sisters began to fill her mind with suspicions.

"Apollo said you were destined to marry a monster," they said. "People say that your husband is a monstrous serpent who may wish to devour you one day. Take care. Get a lamp and a sharp knife and hide them. When he is sound asleep, light the lamp and see if [2] what they say is true. If it is, free yourself by cutting off the monster's head."

After her sisters had returned home, Psyche hid a lamp and a sharp knife in her room.

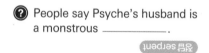

❓ People say Psyche's husband is a monstrous _____ .

정답 serpent

---

1 **be envious of** …을 부러워하다, 질투하다
Psyche's sisters were envious of her fantastic surroundings and asked about her husband.
프시케의 언니들은 그녀의 환상적인 환경을 부러워하며 남편에 대해 물었다.

2 **be sound asleep** 푹 잠들어 있다
When he is sound asleep, light the lamp and see if what they say is true.
그가 푹 잠들어 있을 때, 램프를 켜고 사람들이 하는 말이 사실인지 확인해 봐.

One night, when her husband had fallen asleep,
Psyche rose and lit the lamp. She was astonished to
see a handsome and charming god. He had golden
ringlets and two snow-white wings on his shoulders.
It was Eros!

As she leaned over to have a closer look at his face, [1]
a drop of burning oil fell from the lamp onto his
shoulder. Eros awoke and, without saying a word,
spread his wings and flew out of the window. Psyche
tried to follow him but fell from the window to the
ground. Eros stopped to help Psyche.

"Oh, foolish Psyche," he cried, "is this the way you repay my love? Leave me and return to your home! True love cannot live side by side with suspicion! I must leave you forever!"

Psyche was distraught when Eros flew away, and spent her days and nights searching for him without success. In desperation, she finally went to Aphrodite to beg for her help.

"You are disloyal and untrustworthy," said Aphrodite angrily. "My son's heart is broken! Prove to me that you are hardworking and I will allow him to return to you."

- □ be astonished to + 동사원형
  …하고 놀라다
- □ charming 매력적인
- □ ringlet 곱슬머리 (= curl)
- □ have a closer look at
  …을 더 자세히 보다
- □ fly out of …밖으로 날아가다
- □ repay 갚다, 되돌려 주다
- □ side by side with …와 나란히

- □ distraught 제정신이 아닌
- □ spend + 시간 + ...ing …하면서
  시간을 보내다
- □ without success 성과가 없이
- □ in desperation 절망하여, 자포자기해서
- □ disloyal 불충실한
- □ untrustworthy 믿음직스럽지 못한
- □ hardworking 근면한

---

1 **lean over** (몸을) 숙이다, 기울이다

As she leaned over to have a closer look at his face, a drop of burning oil fell from the lamp onto his shoulder.

그녀가 그의 얼굴을 더 자세히 보기 위해서 몸을 숙였을 때, 램프에서 뜨거운 기름 한 방울이 그의 어깨 위로 떨어졌다.

Aphrodite took Psyche to the temple's storehouse
and pointed to a vast quantity of wheat, barley, beans,
and lentils.

"Separate these grains and put each kind into
a different pile before nightfall," she said.

Psyche sat silently looking at the enormous work she
was expected to do. Eros saw her and suddenly felt
sorry for her. Then he instructed the worker ants to
come to her aid. The ants carefully separated each
grain into the correct pile and then vanished.
Aphrodite returned at twilight and was displeased to
see that the task had been completed.

□ storehouse 저장고, 창고
□ a vast quantity of 엄청난 양의
□ wheat 밀
□ barley 보리
□ lentil 편두(扁豆)
□ separate 분류하다, 나누다
□ grain (곡식의) 낟알
□ pile 더미
□ enormous 엄청난, 많은
□ instruct + 목적어(A) + to + 동사원형(B)
　A에게 B하라고 지시하다(시키다)

□ vanish 사라지다
□ at twilight 황혼 무렵에, 해가 질
　무렵에
□ be completed 완료되다
□ fleece 양털
□ fetch A B 가서 B를 A에게
　가지고 오다
□ flood 넘치다, 홍수가 나다
□ ram 숫양
□ seek shelter 피할 곳을 찾다
□ lull ... to sleep …을 재우다

1 **By then, 주어(A) + will + have + p.p.(B)** 그때가 되면, A가 B되어 있을 것이다
By then, the spirit of the flood will have been lulled to sleep.
그때가 되면, 홍수의 정령이 잠들어 있을 거야.

Next morning, Aphrodite had a new task for Psyche to perform.

"In the field over the river is a flock of sheep with golden fleece," said Aphrodite. "Fetch me a sample of each one's fleece."

As Psyche was looking for a safe place to cross the river, the river-god stopped her.

"Oh, beautiful maiden," she said, "the river will flood if you cross it now. The hot sun makes the rams fierce and they will attack you. Wait until they seek shelter in the cool shade of the trees. By then,[1] the spirit of the flood will have been lulled to sleep and it will be safe to cross the river."

Mini-Less ☀ n

See p. 123

도치: 장소를 나타내는 부사구 + 동사 + 주어

In the field over the river is a flock of sheep with golden fleece.
'강 너머 들판에는 황금색 털을 가진 양 떼가 있어.' 는 주어(a flock of sheep with golden fleece)와 동사(is)의 위치가 바뀌었는데요, 이는 장소를 나타내는 부사구 In the field over the river를 강조하기 위해 문장 맨 앞에 두었기 때문이랍니다.

• Behind the big cave stood a beautiful tree. 큰 동굴 뒤에 아름다운 나무 한 그루가 서 있었다.

Psyche followed the river-god's instructions and
successfully accomplished her task.

Aphrodite's anger increased when Psyche returned
with the sheep's golden wool.

"I know that you did not do this alone," she said,
"so I have another task for you. Take this box to the
underworld and give it to Persephone, queen of the
regions of hell. Be quick! I must bathe in the
essence of Persephone's beauty potion
before I attend a gathering of the gods
this evening."

Psyche was certain that this task would be the death of her. To get to the regions of hell, she would have to throw herself off the top of a high cliff. [1]

But before she could do so, a voice spoke to her.

"There is a safer way to descend to the regions of hell," it said. "Go to the black river. Charon,* the ferryman will take you down to the regions of hell and bring you safely back again. Persephone will place the essence of her beauty in the box you carry. Whatever happens, do not open the box or you will be destroyed!"

카론은 죽력들을 저승으로 싣어 나르는 뱃사공으로 통행료를 내는 사람들만 저승으로 인도했다고 해요.

Psyche took this advice and traveled safely to the regions of hell. Persephone filled the box and Psyche hurried to return to Aphrodite.

□ instruction 지시, 지도
□ accomplish 완수하다, 끝내다
□ hell 지옥
□ bathe in …에 몸을 씻다
□ essence (식물 등에서 추출한) 진액, 에센스
□ attend …에 참석하다
□ gathering 모임
□ cliff 절벽, 벼랑
□ descend to …로 내려가다, 하강하다
□ ferryman 나룻배 사공
□ be destroyed 죽다, 파멸하다

1 **throw oneself off** …에서 뛰어내리다
To get to the regions of hell, she would have to throw herself off the top of a high cliff.
지옥에 가기 위해서는, 그녀는 높은 절벽 꼭대기에서 뛰어내려야 할 것이다.

But when she saw daylight again, Psyche was [1]
overcome by a great desire to see inside the box. She
carefully lifted the lid, but instead of a beauty potion,
the box contained only an eternal sleep. It escaped
and overcame Psyche, who immediately fell into
a deep, dreamless sleep.

Eros quickly flew to Psyche's side and gathered the
sleep from her eyes. He returned it to the box and
then woke her, saying, "Your curiosity will be the
death of you one day! Take this box to my mother
and let me take care of the rest!"

He left her and flew up to the heavens to ask Zeus
to persuade his mother to stop tormenting Psyche.

□ contain ···이 들어있다
□ eternal 영원한, 변함없는
□ overcome 덮치다
　(overcome - overcame - overcome)
□ dreamless 꿈도 꾸지 않고 자는,
　깊고 평안한

□ persuade + 목적어(A) + to + 동사원형(B)
　A를 B하도록 설득하다
□ torment 괴롭히다, ···에게 고통을 안겨주다
□ be parted 헤어지다
□ union 결혼, 결합
□ be blessed with 복을 받아 ···을 누리다

1 **be overcome by** ···에 사로잡히다 (압도당하다)
But when she saw daylight again, Psyche was overcome by
a great desire to see inside the box.
하지만 프시케가 다시 햇빛을 보자, 상자 안을 보고 싶은 강한 열망에 사로잡혔다.

Zeus went to Aphrodite and begged her to allow the young lovers to be together. Aphrodite eventually agreed and Psyche was brought to Zeus's palace where she was given a cup of ambrosia.* 암브로시아는 신들의 음료로 마시면 늙지도 죽지도 않는다고 해요.

"Drink this and you will become immortal," said Zeus. "Then you and Eros will never again be parted."

Before long, the union of Eros and Psyche was blessed with a beautiful daughter. They named her Pleasure.

Check-up Time!

● **WORDS**

단어와 단어의 뜻을 서로 연결하세요.

1 garment •　　　• a. a person that is descended from a specific ancestor

2 accomplish •　　　• b. to disappear suddenly

3 descendant •　　　• c. a piece of clothing

4 vanish •　　　• d. to succeed in doing something

● **STRUCTURE**

빈칸에 알맞은 전치사를 보기에서 골라 써 넣으세요.

at	of	for	to

1 She was placed in an inferior place _____ the goddess.

2 Psyche's sisters were envious _____ her fantastic surroundings.

3 Psyche's parents made arrangements _____ the wedding and left her on the top of the mountain.

4 Aphrodite returned _____ twilight and was displeased to see that the task had been completed.

다음은 누가 한 말일까요? 기호를 써넣으세요.

a.

Eros

b.

Arachne

c.

Aphrodite

1 "If you saw me, you might fear me." _____

2 "Fetch me a sample of each one's fleece." _____

3 "Let her try her skill against me if she dares!" _____

● SUMMARY

빈칸에 맞는 말을 골라 이야기를 완성하세요.

Arachne was skilled in (   ), weaving and needlework. She was proud of her work and wanted to challenge Athena to a (   ). Athena visited her and told her not to challenge a goddess. But Arachne ignored her warning and the contest began. Although Athena (   ) the delicacy of Arachne's work, she felt insulted by the message it portrayed. She tore Arachne's work to pieces and changed her into a (   ).

a. spider   b. contest   c. admired   d. spinning

ANSWERS

Persephone

페르세포네

One day when Hades, god of the underworld, visited the earth, Aphrodite, goddess of love and beauty, saw him.

"Eros," she said to her son, "take your golden arrow and pierce the heart of that dark and dangerous god. Fire your arrow so that Hades will fall in love with Persephone. She is the daughter of Demeter, goddess of the harvest. These women dislike us. Let them suffer."

Eros did as his mother demanded. He selected his sharpest golden arrow and fired it straight into the heart of Hades.

Later that day, Hades saw Persephone as she was picking flowers with her friends by a lake in the valley of Enna. He immediately fell in love with her. When her friends were not watching, he picked her up in his [1] arms and carried her off to the River Cyane, from where they entered his underworld.

---

[1] **pick ... up in one's arms** 양팔로 …을 들어올리다
When her friends were not watching, he picked her up in his arms. 그녀의 친구들이 보지 않을 때, 그는 양팔로 그녀를 들이올렸다.

Persephone's friends ran to tell her mother, Demeter, that she had disappeared. Demeter searched the world for her daughter without success. Eventually, in despair, she sat down on a rock beside a road.

A farmer named Celeus and his daughter were leading home their goats when they saw an old lady sitting at the roadside. It was Demeter in disguise.

□ pierce 뚫다, 관통하다
□ dislike 싫어하다, 꺼리다
□ select 고르다, 선택하다
□ carry A off to B A를 B로 데려가다
□ in despair 절망해서
□ in disguise 변장한

"My dear lady," said the girl, "why are you sitting here alone?"

"My child is missing," said Demeter. "I have searched everywhere and can't find her."

As she spoke, tears fell down her cheeks.

"Come to our cottage," said the old man. "Refresh yourself and rest before you continue your journey. You are welcome to share our food and lodgings until your daughter returns safely."

"Thank you," said Demeter. "How can I refuse your kindness?"

When they reached Celeus's cottage, it was obvious that his wife, Metanira, was in great distress.

"Welcome to our home," she said, sobbing, "but I must first tend my small son, Triptolemus. He is very ill and I have been told he might die."

---

1 **be delighted at** ···에 기뻐하다
Everyone was delighted at the small boy's miraculous recovery.
모두가 어린 소년의 기적적인 회복에 기뻐했다.

2 **be set out** 차려지다
Apples, honey, milk and cream were set out on the table.
사과, 꿀, 우유 그리고 크림이 식탁에 차려졌다.

Demeter went to the child's bedside and touched his cheek and kissed him. Instantly, his pale sickly face became pink and healthy again.

Everyone was delighted at the small boy's miraculous recovery. Apples, honey, milk and cream were set out on the table. While they ate, Demeter mixed the juice of poppies with the boy's milk and he fell into a deep, peaceful sleep.

Later that night when everyone was asleep, Demeter massaged the sleeping boy's limbs. Then she placed his small body in the ashes of the fire and whispered a spell over him.

? Which was not true about Demeter?
a. She was looking for her missing daughter.
b. She was staying at the old man's cottage.
c. She made the old man's dead son alive.

정답 ㅇ

□ cottage 오두막집
□ refresh oneself 기운을 되찾다
□ be welcome to + 동사원형
　마음껏 …하다
□ lodging (주로 복수로) 임시 숙소
□ obvious 분명한, 명확한
□ in great distress 깊은
　괴로움에 빠져

□ sob 흐느끼다, 흐느껴 울다
□ bedside 침대 옆, (침대) 머리맡
□ sickly 병약한, 창백한
□ miraculous 기적적인
□ recovery 회복
□ poppy 양귀비
□ whisper a spell 주문을 외우다

Metanira woke up and screamed when she saw what the old woman was doing. She quickly rescued her son from the ashes. The family was astonished when Demeter assumed her heavenly form.

"I would have made your son immortal, but you [1] stopped me," said Demeter. "Nevertheless, he will teach men how to use the plough. He will show them what can be gained from cultivating the soil. He will grow up to be a good and useful man." ☀

1 **would have + p.p.** ···할 수 있었을 텐데
   I would have made your son immortal, but you stopped me.
   나는 그대의 아들을 불멸의 존재로 만들 수 있었을 텐데 그대가 나를 막았구나.

Demeter continued to search for her daughter. She traveled the world again before she returned to the banks of the River Cyane. This was the spot where Hades had taken her daughter down to his home in Tartarus.* 타르타로스는 지옥 아래의 밑바닥 없는 못을 가리킨답니다.

A river nymph who had seen the kidnapping wanted to tell Demeter what she had witnessed, but she was afraid of Hades. Instead, she dropped Persephone's apron at the goddess's feet. When she saw the apron, she was in no doubt that her daughter was dead. But she did not know how. She could only blame the innocent land surrounding her.

☐ rescue A from B B에서 A를 구하다
☐ assume (모양 등)을 띠다
☐ nevertheless 그럼에도 불구하고
☐ plough 쟁기
☐ gain A from B B함으로써 A를 얻다
☐ cultivate 농사를 짓다, 경작하다

☐ bank 둑
☐ spot 장소, 지점
☐ kidnapping 납치
☐ be in no doubt that절 ···라는 점은 조금도 의심하지 않다

Mini-Less☼n

결과를 나타내는 to 부정사

He will grow up to be a good and useful man. '그는 자라서 착하고 쓸모 있는 사람이 될 것이다.' 에서 to be는 동사 grow up에 이은 결과를 나타내는 것으로 '···해서 ~되다(하다)' 로 해석하면 된답니다.

• She returned from shopping to find her son gone.
  그녀는 쇼핑에서 돌아와 아들이 사라졌다는 것을 알았다.

"Ungrateful soil," she said. "I made you fertile and covered you with herbage. I won't support you again until my daughter is returned to me."

The cattle began to die and seeds failed to grow. There was either too much sun or too much rain. [1] Thistles and brambles grew up in the place of crops.

The fountain nymph, Arethusa, saw what was happening and spoke to Demeter.

"Don't blame the land," she said. "It opened unwillingly to allow your daughter and her kidnapper to pass through. She is now married to Hades, ruler of the underworld."

When Demeter heard this, she was stunned. She hurried to Zeus and begged him to bring back her daughter. Zeus agreed to help, but he could not rescue Persephone if food or drink had passed her lips during her stay in the underworld.

- ☐ ungrateful 감사할 줄 모르는, 배은망덕한
- ☐ herbage 풀, 목초
- ☐ seed 씨앗
- ☐ thistle 엉겅퀴
- ☐ bramble 가시나무, 들장미

- ☐ in the place of (in one's place) …대신에
- ☐ unwillingly 어쩔 수 없이, 내키지 않게
- ☐ kidnapper 납치범, 유괴범
- ☐ pass through 지나가다, 통과하다
- ☐ stunned 깜짝 놀란, 큰 충격을 받은

¹ **either A or B** A거나 혹은 B

There was either too much sun or too much rain.
햇볕이 너무 뜨겁게 내리쬐거나 혹은 비가 억수같이 내렸다.

Zeus's son, Hermes, was sent to demand Persephone's release, but Hades told Hermes that Persephone had eaten a pomegranate. This was enough to prevent her complete release, but a compromise was made. She was to spend half her time with her mother and the rest with her husband. Demeter agreed to this arrangement and restored fertility and growth to the earth.

For the six months of the year when Demeter and her daughter were reunited, the earth flourished.

□ pomegranate 석류
□ compromise 타협, 절충안
□ restore A to B A를 B에 회복시키다, 복구하다
□ fertility 비옥함, 풍부

□ be reunited 재회하다, 다시 만나다
□ flourish 잘 자라다, 번창하다
□ spring forth 나타나다, 생겨나다
□ realm 왕국, 영토
□ barren 척박한, 황량한, 불모의

1 **be in full bloom** 만개하다, 활짝 피다
The following three months, when the plants were in full bloom, was the Summer season.
식물들이 만개하는 그 다음 석 달은 여름이었다.

New growth sprang forth in the first three months, and this became known as the season of Spring. The following three months, when the plants were in full [1] bloom, was the Summer season. But when Persephone returned to her husband's realm, the plants began to die. This became known as the Fall season. For the final three months of Persephone's time underground the earth was barren and nothing grew. This is the season known as Winter.

Orpheus

오르페우스

Orpheus was the son of Apollo and Calliope. His father gave him a lyre and he learned to play. Soon he could play so well that wild beasts and trees were charmed by his music. When Orpheus grew into manhood, he married the beautiful Eurydice.

Hymen, god of marriage, was called to bless Orpheus and Eurydice at their wedding but he brought only unlucky omens with him.

Soon after the marriage, the shepherd, Aristaeus, saw Eurydice and desired her.

She was afraid of him and fled, but in her haste she stepped on a poisonous [1] snake. Nothing could save her and death came quickly.

---

1 **step on** …을 밟다, …위에 올라서다
She was afraid of him and fled, but in her haste she stepped on a poisonous snake.
그녀는 그가 두려워서 도망쳤지만, 서두르다가 그만 독사를 밟았다.

Orpheus's grief was overwhelming. Unable to live without his beloved wife, he traveled to the underworld to find her. When he arrived in Tartarus, he played his lyre and sang of his love and grief to Hades and Persephone.

Orpheus's tender and loving music brought tears to the eyes of Persephone. Even Hades was moved by his sorrow and agreed to his request.

"You may take your wife, Orpheus," said Hades, "but don't look back at her until you have reached the living world."

□ lyre 리라, 수금(고대 현악기)
□ be charmed by ···에 매혹되다
□ grow into manhood (커서) 성인이 되다
□ unlucky omen 흉조, 저주
□ in one's haste 서두르다가
□ poisonous 독이 있는, 독성의
□ grief 비탄, 큰 슬픔

□ overwhelming 엄청난, 감당할 수 없는
□ beloved 사랑하는
□ tender 부드러운, 다정한
□ bring tears to ···에 눈물이 나게 하다
□ even ···조차도
□ be moved by ···에 감동을 받다
□ look back at ···을 뒤돌아 보다

Mini-Lesson

미래완료 시제를 대신하는 현재완료 시제

until, before, after, while, by the time 등의 시간을 나타내는 접속사가 이끄는 시간의 부사절에서는 미래완료 시제 대신 현재완료 시제가 쓰인답니다

• Don't look back at her until you have reached the living world.
  산 자의 세상에 도착할 때까지 그녀를 뒤돌아 보지 말아라.
• I'll not go before I've finished the work. 그 일을 끝내기 전에 나는 가지 않을 것이다.

Orpheus led his wife through the dark, silent caves and tunnels up toward the earth's air. When they had nearly reached the upper world, he forgot Hades's warning and looked back to make sure Eurydice was following. Immediately her spirit was returned to the underworld.

"Farewell," she cried sadly, "a last farewell."

Then she disappeared.

Orpheus tried to follow her and asked permission to have her released again. His request was denied. For seven days he stayed near the entrance to the underworld without food or sleep, singing about his grief and sorrow.

Orpheus's music melted the hearts of nearby trees and wild beasts. Other women tried to seduce him but he rejected them.

One of them shouted, "I cannot bear how he scorns us!" and threw a spear at him. It landed harmlessly at his feet. Some of the women threw stones at him but they also fell short of their target. Orpheus continued to play his lyre and sing his mournful songs.

Then the angry women seized him and tore him limb [1] from limb. They threw his head and his lyre into the River Hebrus. Downriver, Orpheus's aunts gathered his remains and buried them at Libethra. For a second time Orpheus traveled to Tartarus. He found Eurydice and eagerly embraced her.

Today, the River Hebrus still whispers his sad music and the nightingale sings its sweetest songs at his grave.

□ spirit 영혼
□ farewell 안녕; 작별 인사
□ be denied 거부당하다
□ entrance to ⋯로 가는 입구
□ melt 녹이다
□ seduce 유혹하다, 꾀다
□ scorn 경멸(멸시)하다, 퇴짜를 놓다
□ land at ⋯에 떨어지다

□ harmlessly 해를 주지 못하고
□ fall short of ⋯에 도달하지 못하다
□ mournful 애처로운, 구슬픈
□ seize 붙잡다
□ downriver 강 아래에서
□ remains 유해, 잔해
□ eagerly 열정적으로
□ embrace 껴안다, 포옹하다

[1] tear ... limb from limb ⋯의 팔다리를 갈기갈기 찢다
Then the angry women seized him and tore him limb from limb.
그러자 화가 난 여자들이 그를 붙잡아 그의 팔다리를 갈기갈기 찢었다.

 # Check-up Time!

● **WORDS**

빈칸에 들어갈 알맞은 단어를 고르세요.

1 Everyone was delighted at the small boy's _____ recovery.

a. mournful   b. miraculous   c. sickly

2 When Persephone returned to her husband's _____, the plants began to die.

a. plough   b. herbage   c. realm

3 Unable to live without his _____ wife, he traveled to the underworld to find her.

a. beloved   b. obvious   c. overwhelming

● **STRUCTURE**

괄호 안의 두 단어 중 알맞은 단어를 골라 문장을 완성하세요.

1 There was either too much sun (and / or) too much rain.

2 Then the angry women seized him and tore him limb (from / to) limb.

3 She was afraid of him and fled, but in her haste she stepped (on / in) a poisonous snake.

ANSWERS

Words | 1. b   2. c   3. a
Structure | 1. or   2. from   3. on

본문의 내용과 일치하면 T, 일치하지 않으면 F에 표시하세요.

		T	F
1	Demeter was the mother of Persephone.	☐	☐
2	Persephone was kidnapped by a farmer named Celeus.	☐	☐
3	Orpheus played his lyre in front of Zeus to save his wife.	☐	☐
4	Persephone shed tears when she heard Orpheus playing his lyre.	☐	☐

● SUMMARY

빈칸에 맞는 말을 골라 이야기를 완성하세요.

Orpheus, the son of Apollo and Calliope, learned how to play a lyre from his father. He played so well that every living thing was (　　) by his music. Soon after Orpheus got married to Eurydice, she died of a snake bite. He was so sad that he traveled to the (　　) to save her. Hades was moved by Orpheus's music, so he let Eurydice go. But Orpheus forgot the Hades's (　　) and turned back to see his wife. She (　　) to the underworld again, but he met her again after his death.

a. underworld　b. charmed　c. disappeared　d. warning

Perseus and Medusa

페르세우스와 메두사

King Acrisius ruled the city of Argos in ancient
Greece. He had been warned by a fortune-teller that
the son of his daughter, Danae, would kill him. He was
a cruel king and locked Danae in a tower to keep her
away from the attention of men. But as soon as Zeus
saw Danae, he fell in love with her. He changed
himself into a shower of gold and shone into the room
of the imprisoned girl. They became lovers and Danae
bore Zeus a son, Perseus.

When Acrisius discovered that his daughter had
given birth to Zeus's son, he was enraged. He placed
them both in a chest and threw it into the sea. The
chest drifted to Seriphus, where it was found by a
kindly fisherman named Dicte. He took them to his
house where they remained for several years. Perseus
grew to manhood on the island.

Polydectes, the king of Seriphus and brother of Dictes, befriended the two and after a time wanted to marry Danae. But Perseus did not trust Polydectes and would not allow the marriage. He became his mother's protector. This angered Polydectes, who sent Perseus on a dangerous journey. Perseus was to kill the Gorgon*, Medusa, and bring back her head. Polydectes was certain that Perseus would not return from this dangerous journey.

고르곤은 스테노와 에우리알레, 메두사 세 자매 중 한 명을 가리킬 때 쓰는 말이랍니다.

Medusa had once been a beautiful maiden whose hair was admired by all. But Athena, goddess of wisdom, was jealous of Medusa's beautiful hair and changed Medusa's curls into hissing snakes.

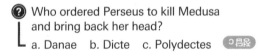
❓ Who ordered Perseus to kill Medusa and bring back her head?
a. Danae   b. Dicte   c. Polydectes   정답 ㄱ

□ fortune-teller 예언자, 점쟁이
□ cruel 잔인한, 무자비한
□ lock A in B A를 B 안에 가두다
□ keep A away from B B로부터 A를 떼놓다[보호하다]
□ shine into (빛이) …안으로 들어가다
□ bear A B A와의 사이에 B를 낳다
□ enraged 격분한, 분노한
□ chest 궤짝, 상자

□ drift to …로 떠내려가다
□ kindly 친절한; 친절하게
□ befriend …의 친구가 되다
□ protector 보호자, 수호자
□ send ... on a journey …을 여행길에 오르게 하다
□ curl 곱슬머리
□ hissing (뱀 등이) 쉭쉭 소리를 내는; 쉭쉭 소리

Medusa became a cruel and frightful monster. No living thing dared look at her face for fear of being turned to stone. All around her cavern were the stony figures of men and beasts that had caught a glimpse of her eyes. [1]

Athena and Hermes felt sorry for Perseus and decided to help him fulfill his challenge. Athena gave him her shield to protect him from Medusa's face. Hermes gave him a sword to slice off the Gorgon's head and winged shoes to speed him on his flight. Perseus set off and eventually caught sight of Medusa and her two sisters as they lay sleeping.

He quietly flew down and, looking only at Medusa's reflection in his shield, cut off her head with his sword. He escaped just as Medusa's sisters were awakened by the sound of the snakes' hissing.

☐ frightful 무시무시한, 끔찍한
☐ for fear of ···할까 두려워
☐ cavern 동굴
☐ stony 돌로 된, 돌이 많은
☐ fulfill 완수하다, 성취하다
☐ slice off ···을 잘라내다

☐ speed ···을 빨리 데려다 주다
☐ catch sight of ···을 찾아내다
☐ reflection (거울 등에 비친) 상[모습]
☐ take refuge from ···로부터 피하다
☐ advance 구애
☐ breastplate 흉갑(가슴을 가리는 갑옷)

1 **catch a glimpse of** ···을 언뜻 보다
All around her cavern were the stony figures of men and beasts that had caught a glimpse of her eyes. 그녀의 동굴 주위에는 그녀의 눈을 언뜻 보았다가 돌로 변해버린 남자들과 짐승들이 온통 널려 있었다.

After many adventures, Perseus returned to Seriphus.
There he found that his mother had taken refuge from
the violent advances of Polydectes, so he showed
Polydectes the head of Medusa. Polydectes was
immediately turned to stone, leaving Dictes to marry
Danae and rule in his place as king of Seriphus.

Over time, as Medusa's head lost its power, Perseus
gave it to Athena. She placed it in the central shield of
her breastplate and it became the symbol of her power
as a goddess.

Pegasus and the Chimaera
페가수스와 키마이라

The people of Lycia lived in fear of the Chimaera,
a fearful, fire-breathing monster. The front of its body
was part lion and part goat, and its rear was that of
a dragon. King Iobates called for a hero to destroy it.

A brave young warrior named Bellerophon had just
arrived in Lycia with a letter from Proetus, the king's
son-in-law. The letter commended Bellerophon for [1]
his bravery but also asked the king to execute the
young man. The request was made because Proetus
believed that his wife, Antea, had become too fond of
the young hero.

When Iobates read the letter, he could not decide
what to do. So he ordered Bellerophon to find the
Chimaera and destroy it.

□ part 일부분은 (= partly)
□ rear 뒤쪽
□ warrior 전사
□ son-in-law 사위
□ bravery 용감성, 용기
□ execute 처형하다, 죽이다
□ request is made 요청이 이루어지다

□ fond of …을 좋아하는
□ depart on one's quest
　모험(탐색)에 나서다
□ advise + 목적어(A) + to + 동사원형(B)
　A에게 B할 것을 충고하다
□ bridle (말에게 씌우는) 굴레
□ tame 길들이다, 다스리다

  Bellerophon accepted the challenge but before he
departed on his quest, he visited the fortune-teller,
Polyidus. Polyidus told him that he needed to take
the wild, winged horse Pegasus on his quest. And he
advised him to ask the goddess Athena for her help.
Athena gave Bellerophon a golden bridle that would
tame Pegasus.

1 **commend A for B** B 때문에 A를 추천하다
   The letter commended Bellerophon for his bravery but also asked
   the king to execute the young man.
   그 편지에는 용감성 때문에 벨레로폰을 추천하며 또한 왕에게 이 청년을 처형시켜 줄 것을
   부탁하는 내용이 담겨 있었다.

1 **A be set B** A에게 B가 부과되다

Bellerophon was set many more challenges to test his courage over the years.

벨레로폰에게 수년 동안 그의 용기를 시험하는 더 많은 도전들이 부과되었다.

When Bellerophon mounted Pegasus, it rose into the air. He soon found the Chimaera and quickly killed it. Bellerophon returned victorious to King Iobates. Bellerophon was set many more challenges to test his [1] courage over the years. But with the help of Pegasus he succeeded in winning each of them.

To reward him, King Iobates gave Bellerophon his daughter in marriage and made him successor to the throne of Lycia.

At the height of his prosperity, Bellerophon even tried to fly up to the throne of the gods atop Mt. Olympus. In anger, Zeus sent a gadfly which stung Pegasus and made him throw Bellerophon to the ground. He was [2] badly injured and blinded. For many years, he wandered the land until he died miserable and alone in the desert.

□ rise into the air 하늘로 날아오르다
　(rise-rose-risen)
□ victorious 승리를 거둔, 승리한
□ reward …에게 보상하다, 보답하다
□ successor to …의 계승자, 후계자
□ at the height of …의 정점에서
□ prosperity 성공, 번영

□ atop …의 맨 위에, 꼭대기에
□ gadfly (곤충의 종류) 등에
□ sting 쏘다, 찌르다
　(sting-stung-stung)
□ throw ... to the ground
　…을 땅바닥에 팽개치다
□ miserable 비참한

2　**be badly injured** 심하게 다치다
　He was badly injured and blinded.
　그는 심하게 다쳤고 눈이 멀었다.

 **Check-up Time!**

● **WORDS**

빈칸에 알맞은 단어를 보기에서 골라 써넣으세요.

fulfill	reward	tame

1 Athena and Hermes decided to help him _____ his challenge.

2 Athena gave Bellerophon a golden bridle that would _____ Pegasus.

3 To _____ him, King Iobates gave Bellerophon his daughter in marriage.

● **STRUCTURE**

빈칸에 알맞은 단어를 보기에서 골라 문장을 완성하세요.

on	away	of

1 Antea had become too fond _____ him.

2 Before he departed _____ his quest, he visited the fortune-teller, Polyidus.

3 King Acrisius kept her _____ from the attention of men.

다음 질문에 알맞은 답을 고르세요.

1 What did King Iobates ask Bellerophon to do?

    a. To kill a young warrior

    b. To find Chimaera and destroy it

2 Why did Athena change Medusa's hair into hissing snakes?

    a. Because she was jealous of her beautiful hair

    b. Because she wanted to make Medusa into a goddess

● SUMMARY

빈칸에 맞는 말을 골라 이야기를 완성하세요.

King (   ) had been warned that his grandson would kill him. So he locked his daughter, Danae, in a (   ). But Danae gave birth to a son, Perseus with Zeus. Acrisius was afraid and sent them away. They were found by Dicte, and stayed with him. His brother, (   ), wanted to marry Danae, but Perseus opposed the marriage. Angry Polydectes sent him on a (   ) to cut off Medusa's head, expecting Perseus to die. But he successfully killed Medusa and brought back her head.

a. tower   b. journey   c. Acrisius   d. Polydectes

ANSWERS

After the Story

Reading X-File 이야기가 있는 구문 독해
Listening X-File 공개 리스닝 비밀 파일
Story in Korean 우리 글로 다시 읽기

The twelve Olympians took on human forms and lived in a society similar to that of the mortals.

올림포스의 12신들은 인간의 모습을 하고 인간들과 비슷한 사회에 살았다.

★　★　★

고대 그리스인들은 제우스를 비롯한 올림포스의 12신들이 인간의 모습을 하고 인간들처럼 서로 질투하고 싸우면서 인간과 비슷한 사회에서 살았다고 생각했습니다. 이를 설명한 위의 문장에서 앞에 나오는 명사 society의 반복을 피하기 위해 문장 뒤편에는 that이 쓰였는데요, 더불어 앞에 나온 명사가 복수일 때는 those를 쓴다는 점도 함께 기억해 두세요. 그럼 제우스와 포세이돈의 대화로 다시 한번 살펴볼까요?

Zeus

I am the god of the sky and thunder. Thunder is a more powerful weapon than that of yours.

나는 하늘과 천둥의 신이지. 천둥은 네가 가지고 있는 무기보다 더 강력한 무기야.

Poseidon

I carry a trident and I can shake the earth, but it is weaker than your weapon.

나는 삼지창이 있어서 지구를 흔들 수 있지만, 너의 무기보다는 약하군.

It is dangerous for a mortal
to drive my heavy, flaming chariot.

인간이 나의 육중하고 불타는 마차를 모는 것은 위험한 일이야.

★　★　★

파에톤은 아버지인 태양신 아폴로를 찾아가 자신이 아들이라는 사실을
증명하기 위해 태양 마차를 몰게 해달라고 합니다. 아폴로가 위와 같이
말하며 말리지만 파에톤은 고집을 꺾지 않죠. 여기서 **for a mortal**은 **to
drive my heavy, flaming chariot**의 의미상의 주어인데요, 이처럼
문장의 주어와 to 부정사의 주어가 다를 때는 to 부정사의 주어를 for +
명사〔대명사〕 형태로 to 부정사 앞에 써야 한답니다.

I will go to the underworld and bring back
my beloved wife.

저는 지하 세계로 가서 사랑하는 아내를 데려올 거예요.

Orpheus

It is reckless for a man to go to the
underworld to save his wife.

인간의 몸으로 아내를 구하러 지하 세계에 가는 것은 무모한
일이에요.

Persephone

She continued to flee,
with Apollo chasing her.

아폴로가 그녀를 쫓아다니는 동안, 그녀는 계속해서 도망쳤다.

★　★　★

에로스가 쏜 사랑의 화살을 맞고 다프네를 사랑하게 된 아폴로는 다프네를 애타게 쫓아다닙니다. 하지만 사랑을 거부하는 화살을 맞은 다프네는 계속 아폴로를 피해 다니죠. 이처럼 '…가(을) ~하는 동안(…한 채)'라고 어떤 동작이 다른 동작과 동시에 일어나는 상황을 설명하고 싶을 때는 with + 명사 + 분사형 동사를 써서 표현한답니다. 이 표현을 데메테르와 강의 요정의 대화로 다시 살펴볼까요?

Demeter

Did you see my daughter Persephone? I've searched everywhere, but I can't find her.

제 딸인 페르세포네를 보셨나요? 내가 세상 모든 곳을 찾아 보았지만, 찾을 수가 없네요.

River Nymph

She was kidnapped by Hades, god of the underworld, with her friends picking the flowers.

친구들이 꽃을 꺾는 동안, 따님은 지하 세계의 신인 하데스에게 납치당했어요.

In the field over the river is a flock of sheep with golden fleece.

강 너머 들판에는 황금색 털을 가진 양 떼가 있어.

★　★　★

프시케는 자신의 얼굴을 보지 말라는 남편 에로스의 당부를 어겨 버림을 받게 됩니다. 에로스의 어머니인 아프로디테는 에로스를 다시 만나려면 강 너머 들판으로 가서 황금색 양털을 가지고 오라고 합니다. 이를 설명하는 위 문장에서 주어(a flock of sheep with golden fleece)와 동사(is)의 자리가 바뀌었는데요, 이는 장소를 나타내는 부사구 In the field over the river를 강조하기 위해 문장 맨 앞에 두었기 때문이랍니다.

Phaeton's mother

On the hills in India is the Palace of the Sun. Go there and see your father.

인도의 언덕에는 태양의 궁전이 있단다. 그곳에 가서 아버지를 만나거라.

Phaeton

OK, I'm going to leave for India right away.

알겠어요, 저는 당장 인도로 떠나겠어요.

01 중간 자음은 살짝 발음해 주세요~

자음 사이에 오는 [ㄷ]와 [ㅌ]는 거의 생략하고 끊듯이 발음해
주세요.

자음 사이에 위치한 d와 t 발음은 생략되거나 살짝 끊듯이
발음되는 경우가 있답니다. 이는 단어 중간에 [ㄷ]나 [ㅌ]와
같은 무성음이 오면 발음이 딱딱해지므로 발음을 부드럽
게 하기 위해서 이를 거의 생략하고 끊듯이 발음하기 때문
이지요. 그럼 이런 예를 본문 14쪽과 15쪽에서 확인해 볼
까요?

The three (①   )-Handed-Ones were
powerful monsters.

① **Hundred** [헌드레드]가 아닌 부드럽게 [헌–레드]라고 발음해
주세요.

They represented thunder and (②   ) and
were also powerful.

② **lightning** [라이트닝]이라구요? 아니죠, [라잇–닝]으로 t를
살짝 끊듯이 발음해 주세요.

같은 듯 다른 발음 구분하기!

[æ]와 [e]는 확실히 구분해 주세요.

man과 men의 발음은 어떻게 다를까요? [æ]로 발음되는 man의 a는 입에 힘을 주고 옆으로 최대한 크게 벌려 [애] 처럼 발음해야 합니다. 하지만 men의 e는 [e]로 발음되 므로 입을 많이 벌리지 않고 입꼬리를 옆으로 살짝 올려 [에]처럼 발음한답니다. 그럼 이제 본문 31쪽에서 [æ]와 [e]를 구분해 볼까요?

Zeus (①) Hephaestus to fashion a woman and he named her Pandora.

① **commanded** 입에 힘을 주고 최대한 크게 벌려서 [커맨디드] 라고 발음해 주세요.

Aphrodite, goddess of love, gave her beauty. Hermes, the (②) of the gods, gave her persuasion.

② **messenger** 입꼬리에 살짝 힘을 주고 [메신져]라고 발음하면 된답니다.

03 whistle의 h는 들리지 않아요!

wh로 시작되는 단어의 h는 발음되지 않는 경우가 많아요.

whistle의 h가 거의 안 들린다구요? 그건 미국식 영어에서는 wh로 시작되는 단어의 h를 대부분 생략하고 발음하기 때문이에요. [h] 발음은 처음부터 없다고 생각하고 [w] 발음, 즉 [우]부터 먼저 연습을 하고 다음 모음을 붙여서 천천히 연습하면 된답니다. whistle의 경우 먼저 입을 앞으로 내밀어 [우]라고 살짝 발음한 다음 [i] 발음을 연결해 주세요. 이제 좀 쉽게 할 수 있겠죠? 그럼 본문 43쪽에서 함께 확인해 볼까요?

Phaeton was dazzled by the sight of the golden chariot with its silver (   ), and rows of sparkling diamonds.

wheels [휠즈]가 아닌 [h] 발음을 생략하고 [우] 발음에 [i] 발음을 살짝 덧붙이듯 [우윌즈] 정도로 발음해 주면 된답니다.

04 세 가지 얼굴을 가진 ex-

ex-는 서로 다른 세가지로 발음된답니다.

---

ex-는 첫 번째로 [iks], 두 번째로 [igz], 마지막으로 [eks], 이렇게 세 가지로 발음될 수 있답니다. 첫 번째는 우리말 표기 [익쓰-]로, 두 번째는 혀에 강한 진동을 주면서 [이ㄱ즈-]라고 발음합니다. 그리고 마지막은 [엑쓰-]라고 발음하면 된답니다. 본문 71쪽과 72쪽에서 살펴볼까요?

> Both women worked quickly and skillfully as their hands wove the threads into (①) designs.

① **exquisite** [익쓰퀴짓]이라고 들렸나요?

> Arachne chose to weave into her cloth (②) of the failings of the gods.

② **examples** 혀에 진동을 주어 [이ㄱ잼플ㅈ]로 발음하세요.

> Her long fingers became (③) limbs that grew from each side of her body.

③ **extra** [엑쓰-]에 강세를 두어 [엑쓰뜨롸]로 발음하세요.

그리스 신화

1장 | 신들의 기원

시작

`p.14~15` 그리스 신들의 기원에 대해서는 많은 이론들이 있다. 한 가지 이론에 따르면 고대 그리스인들은 그들의 신들이 원래 실제 사람이었다고 믿었다고 한다. 신들은 그들의 지혜와 인류를 위한 선행 때문에 신이 되도록 선택받았다.

또 다른 이론에 따르면 우주는 '빅뱅' 에 의해 생겨났다. 우주는 누군가 창조한 것이 아니었다. 거대한 폭발이 있었고 모든 것들이 '카오스' 라 불리는 하나의 혼잡한 덩어리에 모이게 되었다. 수년 동안, 카오스와 어둠만이 대지를 뒤덮었다. 그리고 암흑의 우주 속에서 대지의 여신 가이아와 하늘의 아버지 우라노스와 같은 신들이 생겨났다.

가이아와 우라노스는 많은 자식들을 낳았다. 그들의 첫번째 자식은 괴물들인 백수 거인 삼 형제와 키클롭스 삼 형제였다. 백수 거인 삼 형제는 무시무시한 힘을 가진 괴물들로 각각 50개의 머리와 100개의 손이 달려 있었다.

그들은 무척 파괴적이었고 보기에 흉측했다. 그리고 키클롭스 삼 형제는 이마 한가운데에 눈이 한 개씩만 있는 엄청난 거인이었다. 그들은 천둥과 번개를 대표했고 또한 힘이 엄청났다.

`p.16~17` 우라노스는 자기 자식들을 싫어했고 그들의 힘을 두려워했으며 그들이 가이아로부터 받는 관심을 질투했다. 그래서 그는 자식들을 지하 세계 깊숙이 밀어 넣고 그곳에 그들을 가뒀다.

괴물들이 태어난 다음에, 가이아는 티탄들을 낳았다. 그들은 열두 명으로 그들의 형들처럼 몸집이 크고 힘이 셌다. 티탄들은 달, 바다, 산, 숲, 평원을 만들었다. 그들은 서로 결혼을 해서 엄청나게 많은 존재들을 낳았다.

백수 거인들과 키클롭스들의 감금은 가이아의 마음을 아프게 했다. 그녀는 티탄 중 가장 어리고 용감한 크로노스에게 우라노스를 꺾도록 부추겼다. 그래서 크로노스는 어머니가 시키는 대로 했고, 힘이 약해진 우라노스는 지상에서 물러났다. 그는 격분해서 크로노스의 자식 가운데 한 명이 크로노스에게 반란을 일으킬 것이라고 크로노스를 저주했다.

`p.18~19` 크로노스는 우라노스를 꺾은 후, 자신의 여동생인 레아와 결혼해서 많은 자식들을 낳았다. 자식들이 자신에게 반란을 일으키지 못하도록 막기 위해서, 크로노스는 자식들이 태어나자마자 하나씩 삼켰다. 하지만 레아가 여섯 번째 자식을 임신했을 때, 그녀는 아버지로부터 자식을 지키기로 결심했다. 아들을 낳은 후에, 레아는 크로노스에게 포대기에 싼 돌을 주었고 그는 그것을 재빨리 삼켰다. 그러고 나서 그녀는 아들을 크레타 섬에 숨기고 제우스라 이름지었다.

제우스가 성장했을 때, 레아는 그를 크레타 섬에서 데리고 왔다. 그녀는 강한 허브와 와인, 꿀을 섞어 만든 물약을 제우스에게 주어 크로노스에게 주게 했다. 물약은 무척 맛있어 보였고, 그는 그것을 모두 들이켰다. 크로노스가 그것을 마시자마자, 토하기 시작했다. 제우스의 형과 누나들이 크로노스의 입에서 하나씩 튀어 나왔다.

여기에는 바다의 신 포세이돈, 농업의 여신 데메테르, 결혼과 가정의 여신 헤라, 난로의 여신 헤스티아, 지하 세계의 신 하데스가 있었다.

그때 크로노스는 제우스가 자신의 아들이며 우라노스의 저주가 실현된 것을 알게 되었다. 그래서 그는 궁전을 버리고 달아났다. 그런 다음 제우스는 백수 거인들과 키클롭스들을 지하 세계에서 풀어주었다.

감사의 표시로 키클롭스들은 제우스에게 천둥과 번개를 무기로 만들어 주었다. 그것들을 가지고, 제우스는 신들의 최고 지배자로 영원히 군림할 수 있었다.

올림포스의 12신

`p.20~21` 그리스 신화에는 12명의 주요한 신들이 있는데, 그들은 올림포스의 12신들로 알려졌다. 제우스와 그의 형제 자매들은 올림포스 신들의 첫 세대를 대표했다.

올림포스의 12신들은 의논을 할 일이 있으면 올림포스 산에 모였다. 올림포스 산은 그리스 중앙에 솟아 있었고 완벽한 평화의 공간이었다. 11명의 올림포스 신들은 이곳에 자신들의 집을 마련했

다. 하데스만 지하 세계에 자신의 살 곳을 마련했다.

제우스는 모든 신의 절대적인 지배자이자 하늘과 천둥의 신이었다. 그는 자신의 사악한 아버지를 몰아낸 뒤 모든 신들과 여신들의 최고의 신이 되었다.

제우스는 화가 나면, 엄청난 번개를 지상 위 하늘로 던졌다. 제우스는 헤라와 결혼했지만, 충실한 남편이 아니었고 수많은 여신들과 인간들 사이에서 자식들을 낳았다.

제우스의 아내인 헤라는 신들의 여왕이자, 결혼과 가족의 여신이 되었다. 그녀는 제우스의 여자들을 심하게 질투했고 올림포스 산에서 수많은 제우스의 여자들과 그들의 자식들을 추방했다. 그들은 쉴 수 있는 평화로운 장소를 찾아 계속 지상을 헤맸다.

p.22~23 포세이돈은 제우스의 형으로 바다와 지진의 신이었다. 고대 그리스인들은 그가 바다를 잠잠하게 하고 어부들에게 풍부한 물고기를 제공할 수 있다고 믿었다. 하지만 또한 그들은 그의 분노가 지진과 파도를 생겨나게 한다고 믿었다. 그는 삼지창을 가지고 있었는데, 그것으로 지구를 흔들고 어떤 물체도 박살 낼 수 있었다. 그는 올림포스 신들 가운데 제우스 다음으로 강력한 신이었다.

지하 세계의 신인 하데스는 제우스의 또 다른 형이었다. 그는 부와 귀한 금속의 신이었다. 하데스는 지하 세계의 안정을 구축하기 위해 노력하는 친절한 지배자라고 전해진다.

아폴로는 제우스와 티탄족의 딸인 레토와의 아들이었다. 그는 진실, 의학, 음악, 시를 담당했다. 그는 신들 가운데 가장 잘생기고 젊은 신으로 생각되었고, 병을 치료하는 능력을 가지고 있는 것으로 전해진다. 하지만 그는 또한 화가 나면 치명적인 바이러스를 퍼뜨릴 수도 있었다.

아폴로의 쌍둥이 여동생은 아르테미스였는데, 그녀는 사냥의 여신으로 모든 야생 동물들이 그녀를 두려워했다. 그녀는 또한 야생, 출산 그리고 달의 여신으로도 알려져 있다.

p.24~25 사랑과 미의 여신은 아프로디테였다. 그녀의 아버지는 우라노스였고, 그녀는 아버지의 피투성이가 된 몸의 일부가 바다로 떨어지면서 생겨났다. 아프로디테는 그녀를 원하는 사람은 누구든지 쫓을 수 있는 마법의 거들을 가지고 있었다고 한다. 그녀는 헤파이스토스의 아내가 되었다.

헤파이스토스는 금속, 대장장이, 화산 그리고 불의 신이었다. 그는 친절하다고 알려졌지만, 그의 어머니

인 헤라는 그가 추하다고 생각했다. 그래서 그녀는 올림포스 산에서 그를 떨어뜨렸고 그는 떨어지면서 심한 상처를 입었다. 하지만 헤파이스토스는 많은 무기와 갑옷, 신과 여신들의 가구를 디자인하고 제조하는 데 공이 있는 것으로 여겨진다. 올림포스 산의 왕좌, 신들의 신발, 헬멧 그리고 에로스의 활과 화살도 그의 작품이다.

아레스는 전투와 유혈 분쟁을 좋아하기 때문에 전쟁의 신으로 알려져있다. 아프로디테를 제외한 모든 신들과 여신들은 그를 싫어했다. 그의 이복누이인 아테나는 전쟁의 여신으로 알려졌다. 그녀는 항상 무장을 하고 아버지의 머리에서 태어날 때 입고 있었던 갑옷을 입고 등장한다.

p.26~27 헤스티아는 제우스의 누이이다. 그녀는 잘 알려진 여신은 아니지만, 갓 태어난 아기들의 안전, 가정의 평화 그리고 불로 화로를 따뜻하게 하는 데 신경을 썼다.

헤르메스는 제우스의 또 다른 아들이었다. 그는 행동이 무척 날렵해서 '신들의 심부름꾼'이자 영혼을 지하 세계로 인도하는 역할을 했다. 신들 중에 헤르메스만이 하늘과 땅과 지하 세계를 마음대로 다니도록 허락되었다. 하지만 그는 물건을 훔치는 충동이 있어서 도둑들의 신으로도 알려져 있다. 그는 와인의 신인 디오니소스의 가까운 친구가 되었다.

올림포스의 12신은 인간의 모습을 하고 인간과 비슷한 사회에 살았다. 그들은 제우스의 신전에 모여 토론을 하고 종종 하늘과 지상의 문제에 대해 논쟁을 벌였다. 그들은 질투심이 많고 탐욕스러웠으며, 가끔 서로 싸우기도 했다. 이것이 바로 고대 그리스인들이 전쟁, 가뭄, 홍수, 지진, 전염병, 기근과 풍성한 수확과 더불어 그들의 생활에서 매일 일어나는 일들을 설명했던 방법이다.

2장 | 집착

프로메테우스와 판도라

p.30~31 티탄 족인 프로메테우스와 그의 동생 에피메테우스에게 인간과 다른 모든 동물들을 만들라는 임무가 주어졌다. 에피메테우스는 용기와 힘, 민첩성, 지혜를 각기 다른 동물들에게 나눠주었다. 어떤 동물에게는 날개를, 어떤 동물에게는 발톱을 주었

고, 또 어떤 동물은 몸을 보호하는 껍질을 주었다.

인간을 만들 차례가 되었을 때, 에피메테우스는 인간에게 줄 것이 없었다. 그래서 그는 형에게 도움을 청했다. 프로메테우스는 하늘로 올라가 해에 태양의 불을 붙였다. 그가 가져다 준 불 덕분에 인간은 다른 동물들보다 우월한 존재가 되었다. 불을 가지고 인간은 무기를 만들어 야생 짐승들을 사냥할 수 있었고, 도구를 만들어 토지를 경작할 수 있었다. 인간은 불을 이용해서 집을 따뜻하게 하고 추위를 쫓았다.

제우스는 프로메테우스가 신들의 불을 훔쳐 인간에게 주었다는 사실을 알고 무척 분노했다. 제우스는 헤파이스토스에게 여자를 만들라는 명령을 내리고 그녀를 판도라라고 이름 지었다.

그러고 나서 제우스는 그녀를 프로메테우스와 에피메테우스에게 보냈다. 그는 불을 훔친 데 대한 벌을 내리고 싶었다. 판도라는 하늘에서 만들어졌기 때문에, 하늘의 모든 신들이 그녀를 완벽하게 만들기 위해서 무엇인가를 주었다. 사랑의 신 아프로디테는 아름다움을 주었고, 신들의 심부름꾼인 헤르메스는 설득력을, 그리고 시와 음악의 신인 아폴로는 그녀에게 가사와 절을 주었다.

p.32~33 그녀가 지상에 도착하자, 에피메테우스는 즉시 그녀와 사랑에 빠졌다. 그들은 곧 결혼식을 올렸다. 하지만 프로메테우스는 그들 형제에게 판도라를 보낸 제우스의 본심이 무엇인지 의심스러웠다. 그는 제우스가 그들의 적이며 절대 그를 믿으면 안 된다고 동생에게 경고했다. 하지만 에피메테우스는 그 경고를 귀담아 듣지 않았다.

에피메테우스는 집 안에 상자 하나를 보관하고 있었는데, 그 내용물은 모두에게 비밀로 했다. 판도라는 그 속에 무엇이 들어 있는지 궁금했다. 그래서 어느 날, 에피메테우스가 사냥을 나간 사이, 그녀는 상자를 찾아서 열어보았다. 역병, 기근, 불행, 절망, 미움, 전쟁 그리고 수만 가지 형태의 고통이 세상으로 나왔다. 판도라는 필사적으로 뚜껑을 닫으려 했지만, 그것들은 바람을 타고 빠르게 세상으로 흩어졌다. 상자 안에 남은 것은 희망뿐이었다.

보다 더 흔하게 회자되는 또 다른 이야기가 있다. 이 이야기에 따르면 판도라는 제우스가 준 상자 하나를 가지고 왔다. 그녀는 결코 상자를 열어보지 말라는 경고를 들었다. 하지만 판도라는 호기심도 타고 났다. 그녀는 상자 안에 무엇이 담겨 있는지 알고 싶은 마음을 참을 수가 없었다. 판도라가 뚜껑을 열자, 온갖 종류의 날개가 달린 끔찍한 것들이 빠르게 상자로부터 날아 나왔다. 판도라가 뚜껑을 닫은 후에, 상자 안에서 날개가 퍼덕이는 작은 소리를 들었다. 호기심에 못 이겨 그녀는 다시 한 번 뚜껑을 열었다. 금빛 날개를 가진 작은 것이 밖으로 날아 나왔다. 그것의 이름은 희망이었다.

피그말리온

`p.34~35` 키프로스의 왕 피그말리온은 세상이 잘못되는 것은 모두 여자 탓이라고 여겼다. 그는 여자에 대한 불신 때문에 결혼을 하지 않기로 결심했다. 뛰어난 조각가였던 그는 상아로 아름다운 여인상을 조각했다.

그의 조각상은 살아 있는 어떤 여자와도 비교할 수 없을 정도로 아름답고 완벽했다. 그 조각상은 너무나 생동감이 넘쳐 그는 그 여인을 상아로 조각을 했다는 사실도 잊고 그녀를 사랑하게 되었다. 그는 가끔씩 부드럽고 푹신한 소파에 그녀를 조심스레 눕히고 그녀의 매끄럽고 차가운 몸을 어루만지곤 했다. 그는 빛나는 보석, 꽃, 구슬, 호박을 그녀에게 선물했다. 그녀에게 고급 비단옷을 입히고 손가락에는 금과 은으로 만든 반지를 끼웠다. 목에는 진주 목걸이를 걸어주었다.

`p.36~37` 세월이 흐르면서 여자에 대한 불신이 누그러지면서 피그말리온은 그녀를 아내로 부르기 시작했다. 그는 사랑과 미의 여신 아프로디테에게 기도했다.

"오, 사랑의 여신이시여, 제가 만든 저 아름다운 상아 처녀와 같은 여인을 아내로 맞게 해주십시오." 그는 낮게 중얼거렸다.

아프로디테는 그의 말을 들었다. 여신은 그가 자신의 상아 조각상과 사랑에 빠져 있음을 알았다. 그래서 아프로디테는 호의의 표시로 그의 소원을 들어주었다.

다음 날, 피그말리온은 집으로 돌아와 상아 조각상 아내의 입에 키스를 했다. 그는 항상 차가웠던 입술에서 온기가 느껴지고 상아로 만든 팔이 그의 손끝에 부드럽고 포근하게 느껴지자 깜짝 놀랐다.

'이건 꿈인 것이 틀림없어!' 그는 생각했다.

그는 단지 꿈이 아니라는 것을 확인하기 위해 계속해서 그녀를 보고 만졌다. 그가 만든 아름답고 완벽한 여인이 정말로 살아나 자신의 품에 안기기를 기다리고 있는 것이 아닌가! 그녀에게 다시 한 번 키스를 하자, 그의 상아 처녀는 얼굴을 붉히며 눈을 떠 연인을 바라보았다.

피그말리온은 자기의 소원을 들어준 아프로디테에게 감사를 드렸고, 여신은 두 사람의 결혼을 축복했다. 그들의 첫 번째 아들이 태어났을 때, 그는 아프로디테에게 봉헌된 키프로스의 한 도시 이름을 따서 파포스라고 이름지었다.

파에톤과 태양 마차

p.38~39 파에톤은 태양의 신 아폴로와 님프인 클리메네 사이에서 태어난 아들이었다. 어느 날 한 친구가 아폴로 신이 파에톤의 아버지라는 생각을 비웃었다. 파에톤은 화가 나서 집으로 달려가 어머니에게 진실을 말해 달라고 졸랐다.

"제가 정말로 신의 아들이라는 증거가 필요해요. 제 명예가 걸려있단 말이에요, 어머니!" 그가 말했다.

"아들아, 지금까지 내가 너에게 한 말이 모두 사실임을 태양신을 걸고 맹세하마. 만약 내 말이 거짓이라면, 태양 빛으로 내 눈이 멀 것이다. 하지만 네 아버지인 아폴로를 찾아가서 진실을 말해 달라고 하거라." 그녀가 말했다.

파에톤은 진실을 알아야겠다는 열망에 사로잡혔다. 그는 즉시 아버지를 찾기 위해 인도에 있는 태양의 궁전으로 갔다. 파에톤이 도착했을 때, 그는 궁전의 거대한 대리석 기둥, 순금 지붕과 빛나는 상아 천장을 보고 깜짝 놀랐다.

p.40~41 파에톤은 가파른 경사로를 올라가 태양신의 궁전으로 들어갔다. 그는 다이아몬드로 번쩍거리는 왕좌에 앉아 있는 아폴로를 보았다. 아폴로는 조용히 자신 앞에 서 있는 파에톤을 보았다.

"무슨 일로 왔느냐?" 그가 물었다.

"오, 모든 세상의 빛인 아폴로 신이시여." 파에톤이 말했다. "당신이 제 아버지라는 증거를 보여주십시오."

"아들아, 조금 더 가까이 오거라. 네 어머니 말이 맞다. 내가 너의 아버지이다. 그리고 네 의심을 풀어주기 위해, 내가 원하는 소원은 무엇이든 들어주마." 아폴로가 말했다.

"당신이 정말로 제 아버지시라면, 당신의 위대한 태양 마차를 한번 몰게 해주십시오." 파에톤이 말했다. 즉시 아폴로는 성급하게 약속한 것을 후회하며 고개를 저었다.

"내가 경솔하게 말했구나. 그 소원은 들어줄 수가 없다. 인간이 나의 육중하고 불타는 마차를 모는 것은 위험한 일이다. 그리고 너는 아직 힘도 충분하지 못해. 번개를 던지는 제우스도 그렇게 할 수는 없단다." 아폴로가 말했다.

p.42~43 하지만 파에톤은 "저는 아버지의 강력한 힘의 일부를 물려받았고, 아버지가 생각하시는 것보다 훨씬 더 힘이 셉니다!"라고 외쳤다.

"하지만 하늘은 계속 돌고 있다. 네 밑에서 지구가 끊임없이 회전하고 있는데 너는 제대로 진로를 유지할 수 없을 것이다! 심지어 내 모든 힘으로도, 불을 내뿜는 말들을 통제하는 것이 힘들어. 가는 길에 괴물들을 만나면 어떻게 할 것이냐? 황소의 뿔 옆을 지나고, 사자궁의 턱을 지나쳐야 하고 무시무시한 전갈과 게는 서로 다른 방향으로 향해 있어서 자칫하면 길을 잃을 수도 있다. 네가 통제할 수 없는 일에 집착하지 말아라. 너를 걱정하는 내 마음이 바로 네가 내 아들이라는 증거이니라."

"아버지, 저는 아버지의 말씀을 믿어요. 하지만 제가 아버지의 적법한 아들이라는 것을 증명하게 해주세요." 파에톤이 말했다.

"네 주위를 둘러보고 덜 위험한 것으로 선택해라. 네 소원을 들어주겠다고 맹세한 것을 알고 있지만, 네가 좀 더 현명한 선택을 할 것을 부탁하마."

하지만 파에톤이 마음을 바꾸지 않자, 아폴로는 그의 거대한 마차를 몰게 해주었다. 파에톤은 은으로 된 바퀴살과 빛나는 다이아몬드가 줄지어 박혀 있는 황금 마차의 모습에 눈이 부셨다.

동녘에 새벽이 찾아오면서, 아폴로와 파에톤은 별들이 다음 날 밤까지 쉬기 위해 하늘에서 물러가는 모습을 보았다. 말들에게 마구를 지게 하는 동안, 아폴로는 태양의 불길로부터 피부를 보호할 수 있는 특별한 약을 파에톤의 얼굴에 발라주었다.

p.44~45 "자, 고삐를 단단히 쥐고 있어야 한다는 것을 명심해라. 말들은 무척 빨라서 통제하기가 쉽지 않다. 그러니 채찍은 경로를 바로 잡을 때에만 사용하도록 해라.

가운데 지역으로 가되 북극 지대와 남극 지대는 피해 가고 길에 보이는 바퀴 자국을 따라가거라. 너무 높이 올라가지 말아라 그러면 천상에 있는 신들의 집을 태워버릴 것이다. 그리고 너무 낮게 내려가지 말아라 그러면 지상에 불이 붙게 되니까 말이다. 중간 길을 선택하는 것이 더 안전하다."

말들은 콧김을 내뿜으며 성급하게 발을 굴렀다.

파에톤이 마차에 올라타서, 고삐를 한 번 치자 마차는 앞으로 돌진해 아침 미풍보다 빠른 속도로 나아갔다. 아버지의 조언에도 불구하고, 파에톤은 말들을 다루는 방법을 잊어버렸다. 그리고 곧 자신이 말들을 다룰만한 힘이 없다는 것을 깨달았다.

파에톤이 지상을 내려다보자, 공포로 무릎이 후들거리기 시작했다. 그리고 주위의 밝은 햇살에 그의 시야가 흐려지기 시작했다.

p.46~47 '아, 왜 나의 혈통을 의심했을까? 왜 내가 이 일을 하겠다고 그렇게 집착했을까?' 그가 초조하게 생각했다.

파에톤은 무력함을 느꼈으며, 할 수 있는 일이라곤 살려 달라고 기도하는 것뿐이었다. 파에톤은 하늘 표면 곳곳에 괴물들이 산재해 있는 것을 보자 용기가 완전히 사라졌다. 고삐가 파에톤의 손에서 떨어졌고 말들은 마차를 하늘 높이 끌어올렸다가 다음 순간 대지를 스치며 끌어내렸다. 구름은 연기를 내기 시작했고, 식물은 시들고 나무들은 불에 탔다. 들판은 타는 듯한 열기로 바싹 마르고, 추수한 곡식은 뜨거운 화염에 휩싸였다. 거대한 도시들이 사라지고 그곳 사람들은 재로 변했다. 산들이 불타고 지상의 물이 말라버렸다.

파에톤은 온 세상이 불바다가 된 것을 보았고, 공기 중에 타는 재냄새를 맡았다. 리비아는 사막으로 변했는데, 오늘날에도 여전히 그대로이다. 거대한 나일강은 도망쳐서 사막 속에 수원을 숨겨버렸는데 오늘날까지도 발견되지 않고 있다.

바다가 줄어들고, 포세이돈은 수면으로 헤엄쳐 나왔지만 타는 듯한 열기 때문에 물 속으로 다시 들어갔다. 돌고래와 물고기들은 살아남기 위해서 더 깊은 곳으로 헤엄쳐 들어가야 했다.

지구가 서서히 죽어가자, 대지의 여신은 하늘을 쳐다보며 제우스를 불렀다.

p.48~49 "오, 신들의 지배자여, 태양의 불로 인해 제가 사라지도록 놔두지 마십시

오! 저는 이제껏 항상 가축과 그 가축을 돌보는 인간들에게 먹을거리를 줄 수 있도록 비옥한 땅을 제공했습니다. 설사 제가 가치가 없다 하더라도, 강, 바다 그리고 호수는 대체 무슨 짓을 했다고 이러한 운명을 맞게 하십니까? 저를 높이 떠받치고 있던 아틀라스도 열기로 지쳐버렸고, 그의 거대한 팔도 이제 떨리고 있으며 무너지려는 조짐을 보이고 있습니다. 만약 바다, 땅, 하늘이 사멸하면, 우주 전체가 혼란에 빠지고 말 것입니다. 제우스 신이시여, 오직 당신만이 세상을 구할 수 있습니다!"

제우스는 대지의 여신이 간청하는 소리를 듣고 아폴로를 포함한 모든 신들을 소집했다. 그는 자신이 늘 구름을 지휘하던 높은 탑 위에 올라갔으나, 구름들은 더 이상 보이지가 않았다. 그는 천둥을 보내 대지를 울리게 한 다음 거대한 마차를 향해 번개를 날렸다. 파에톤의 머리에 불이 붙었고, 파에톤, 말들 그리고 불타는 마차가 마치 유성처럼 거대한 에리다노스 강 속으로 추락했다. 불 붙은 그의 몸뚱이를 강물이 채 식혀주기도 전에 그는 산 채로 불타버렸다.

파에톤은 자기에게 결코 어울리지 않는 일을 해보겠다고 고집했었다. 이 이야기는 우리에게 자신의 한계를 알고 자신의 능력을 절대로 과신해서는 안 된다는 경고를 보내고 있다.

3장 | 사랑

아프로디테와 아도니스

p.52~53 어느 날, 에로스는 자신의 활을 가지고 놀다가 실수로 금 화살을 쏘고 말았다. 화살은 그의 어머니인 사랑과 미의 여신 아프로디테에게 상처를 입혔다. 여신이 자신의 몸에 박힌 화살을 뽑기도 전에, 아름다운 청년 아도니스를 보았고 그에게 매료되고 말았다. 그 순간부터 그녀는 아도니스에게만 관심을 가졌다.

그녀는 아도니스의 뒤만 따라다녔다. 평소처럼 그늘에서 쉬는 대신에, 아프로디테는 숲 속과 언덕을 헤매고 다니기 시작했다. 옷은 사냥의 여신 아르테미스처럼 차려입었다. 그녀는 자신의 개들을 풀어 산토끼, 수사슴, 그리고 다른 들짐승들을 쫓게 했다. 하지만 농부의 소 떼와 양들을 해치는 늑대와 곰은 피했다.

p.54~55 "위험한 상황에 노출되지 않도록 조심해요." 여신은 아도니스에게 말했다. "우리의 행복을 위태롭게 하는 일은 절대 하지 마세요. 사나운 턱과 날카로운 이빨, 그리고 엄청난 힘을 가진 짐승들은 공격하지 마세요. 당신의 젊음과 아름다움도

사자나 멧돼지로부터 당신을 지켜주진 못한다는 것을 명심해요. 오, 들짐승들은 정말 싫어요!"

"그런데 들짐승들을 왜 그렇게 싫어하는 거죠?" 아도니스가 물었다.

"아탈란테와 히포메네스는 그들을 행복하게 만들어 준 내게 감사의 표시도 하지 않았어요. 그래서 그들을 사자들로 변하게 만들었죠!" 여신이 말했다.

그러고 나서 아프로디테는 아도니스에게 키스를 하고는 마차를 타고 떠났다. 하지만 아도니스는 젊고 겁이 없었으므로 아프로디테의 당부를 잊어버렸다. 곧 그의 개들이 야생 멧돼지의 냄새를 맡아 그 멧돼지를 포위했다. 그는 창을 던졌지만 상처만 냈을 뿐이었다. 야생 멧돼지는 잔뜩 성이 나서 자신에게 상처를 입힌 창을 뽑아버렸다. 그리고는 아도니스에게 달려들었다.

p.56~57 겁에 질린 아도니스는 몸을 돌려 도망쳤으나 멧돼지가 그를 잡아서 옆구리에 엄니를 깊숙이 박아 넣었다.

아프로디테는 자신의 젊은 연인이 죽어가며 고통스럽게 신음하는 소리를 들었다. 여신은 급히 방향을 돌려 아도니스를 남겨두고 왔던 곳으로 갔다. 그녀는 그가 나무 밑에 피투성이가 되어 숨져 쓰러져 있는 것을 보았다. 여신은 비탄에 빠져 비명을 지르고 격렬하게 가슴을 치며 머리카락을 쥐어뜯었다.

"내 사랑, 나는 당신의 심장을 다시 뛰게 할 수가 없답니다. 하지만 당신의 피가 지금 대지를 적시고 있는 그곳에, 그 어느 꽃보다도 아름다운 꽃이 피어나게 하겠어요. 이 꽃은 영원히 모든 인간들에게 당신의 젊음과 아름다움을 떠올리게 해줄 거예요."

아프로디테는 이렇게 말하며, 아도니스의 피 위에 신주(神酒)를 뿌렸다. 그 즉시 핏빛 꽃들이 피어나 대지를 덮었다. 하지만 아도니스처럼 그 꽃의 수명은 짧다. 그 꽃은 아네모네라고 불리지만, 어떤 이들은 바람꽃이라고 하기도 하는데 바람이 불면 꽃이 피지만, 이내 꽃잎들이 바람에 날려 흩어지기 때문이다.

아폴로와 다프네

p.58~59 다프네는 아폴로의 첫사랑이었다. 그 사랑은 우연한 것이 아니라, 에로스의 심술 때문이었다.

어느 날, 아폴로가 활과 마법의 화살을 가지고 노는 어린 에로스를 보았다.

"꼬마야, 왜 그런 무기를 들고 다니냐? 그 무기는 사냥이나 자기 자신을 방어할 필요가 있는 이들에게 어울리는 물건이다. 꼬마야, 네 횃불이나 가지고 놀고 그 무기는 인간들이 사용하도록 두어라."

"아폴로, 당신의 화살은 이 세상의 무엇이든 정복할 수 있을지 모르지만, 내 화살은 당신의 심장을 정복할 겁니다." 에로스는 화를 내며 말했다.

에로스는 그러면서 화살통에서 두 개의 화살을 끄집어냈다. 하나는 끝이 뾰족한 금 화살이었다. 그것은 사랑을 불러일으키는 화살이었다. 또 하나는 끝에 납이 입혀진 것으로, 사랑을 거부하는 화살이었다.

에로스는 납 화살을 쏘아 강의 여신 페네우스의 딸인 님프 다프네를 맞혔다. 그리고 나서 금 화살로 아폴로의 가슴을 관통시켰다. 아폴로는 곧바로 다프네를 사랑하게 되었지만, 다프네는 그 반대로 그를 싫어하게 되었다.

`p.60~61` 아폴로는 다프네가 가는 곳은 어디든 따라다니며 그녀를 자신의 아내로 삼고 싶어했다. 그는 그녀의 두 어깨에 느슨하게 늘어뜨려진 부드럽고 긴 머리칼을 만져 보고 싶었다. 그녀의 초롱초롱한 눈동자를 들여다 보고 싶었다. 그녀의 입술에 키스하고 싶어 거의 미칠 지경이었다. 하지만 매번 아폴로가 모습을 드러낼 때마다 그녀는 바람보다 더 빨리 달아났다.

"잠깐만 기다려 주오. 나는 당신의 적이 아니오. 제발 양이 늑대를 보고 도망치듯이 내게서 달아나지 마시오. 내가 그대를 쫓아가는 것은 그대를 사랑하기 때문이오. 당신이 내게서 달아날 때마다 내 가슴은 찢어지오. 나는 의술의 신이지만, 내 아픈 가슴을 치료할 약은 도저히 못 찾겠구려! 오직 당신의 사랑만이 나의 고통을 줄여줄 것이오."

아폴로는 다프네가 계속 자신의 사랑을 거부하자 점점 더 초조해졌다. 아폴로가 그녀를 쫓아가자, 그녀는 계속해서 도망쳤다. 그가 다프네에게 바싹 다가가기 시작했을 때, 그녀는 아버지에게 도움을 청했다.

"아버지, 도와 주세요! 땅을 열어 저를 숨겨 주세요. 아니면 이 위험을 피할 수 있게 제 모습을 바꾸어 주세요!"

`p.62~63` 갑자기 그녀의 팔다리가 뻣뻣해지고, 부드러운 나무껍질이 그녀의 몸을 감

쌌다. 한때 길고 출렁이는 머리가 있었던 곳에, 이제는 나뭇잎들이 있었다. 그녀의 팔과 다리가 있던 곳에는 가지와 뿌리가 있었다. 아폴로가 그토록 감탄했던 다프네의 아름다운 얼굴은 나무 꼭대기가 되었다.

아폴로는 다프네의 변화에 크게 놀랐다. 그가 나무 줄기를 만지자 새로운 나무껍질 밑에서 그녀의 몸이 떨리는 것이 느껴졌다. 아폴로는 월계수에 열정적인 키스를 퍼부었지만, 나무는 그의 입술을 피해 움츠렸다.

"그대는 이제 나의 아내가 될 수 없으니, 나의 나무가 되게 하리라. 나는 그대의 잎으로 내 왕관을 만들 것이다. 그대의 가지로 내 하프를 장식하리라. 그리고 로마의 정복자들이 개선 행진을 할 때, 그대의 잎으로 엮어서 만든 화관을 씌우리라. 그리고 영원한 청춘이야말로 내가 주재하는 것이므로, 그대는 항상 푸르고 그대의 잎은 시들 줄 모르게 하리라."

월계수로 변한 다프네는 가지 끝을 숙여 감사의 뜻을 전했다.

4장 | 질투

아테나와 아라크네

p.68~69 지혜의 여신 아테나는 제우스의 딸이었다. 그녀는 또한 농업, 항해술, 방적, 길쌈과 바느질을 관장했다. 전설에 따르면 아테나 여신은 다 자란 모습으로, 무장을 한 채 아버지의 머리에서 튀어나왔다고 한다. 아테나의 모습은 호전적이었지만, 악한 사람들만 공격했다.

인간인 아라크네는 방적, 길쌈 그리고 바느질 솜씨가 좋았다. 그녀의 바느질 솜씨는 유명해서 사람들이 그녀의 작품을 구경하러 먼 곳에서 찾아왔다. 그녀는 긴 손가락으로 능숙하게 실을 잣고 양털을 짜서 아름다운 의복을 만들었다.

하지만 누군가 아테나 여신이 그녀를 가르쳤을 것이라고 말하는 것을 듣고, 아라크네는 무척 화가 났다. 그녀는 자신이 여신보다 더 낮은 위치에 있다는 것에 질투심을 느꼈다. 그녀는 아테나에게 시합을 하자고 도전했다. 아테나는 이 말을 듣고 기분이 언짢았지만, 아라크네에게 자신의 실수를 만회할 수 있는 기회를 주기로 결정했다.

p.70~71 아테나는 노파로 변장하고 아라크네를 찾아갔다.

"나는 산전수전을 다 겪었다오. 그러니 나의 충고를 무시하지 않기를 바라오. 여신에게 도전하는 건 위험해요. 당신과 같은 인간들하고만 시합을 하는 편이 좋을 거예요. 아가씨가 말한 것에 대해 아테나 여신께 용서를 빌도록 해요."

아라크네는 즉시 베를 짜던 손길을 멈추고 성난 얼굴로 노파를 쳐다보았다.

"그런 충고라면 당신의 딸들에게나 하세요. 도전하겠다는 나의 결심은 확고해요. 난 여신이 두렵지 않아요. 자신이 있으면 나와 한번 솜씨를 겨루어 보라지요!" 아라크네가 말했다.

"그렇다면 네 도전을 받아주지!" 아테나가 변장을 풀면서 말했다.

겁에 질린 구경꾼들은 여신 앞에 황급히 무릎을 꿇었다. 아라크네는 얼굴이 붉어졌다가 창백해졌다. 하지만 여신을 두려워하지는 않았다. 시합이 시작되었다. 여신과 아라크네는 빠르고 능숙하게 그들의 손으로 실들을 짜서 아름다운 작품을 만들었다.

p.72~73 아테나는 신들의 위엄을 보여주는 장면을 수놓았지만, 아라크네는 신들의 잘못을 보여주는 소재로 작품을 짜는 것을 선택했다.

아테나는 아라크네의 작품의 정교함에 감탄했지만, 그녀의 작품이 전하는 메시지에 모욕감을 느꼈다. 여신은 돌연 아라크네의 작품을 갈기갈기 찢어버리고 베틀을 망가뜨렸다. 그리고는 아라크네의 이마에 손을 댔다.

갑자기 아라크네는 죄책감과 자신의 행동에 대해 수치심을 느꼈다. 그녀는 깊은 비탄에 빠져 스스로 목을 매달아 죽으려 했다. 아테나는 목을 맨 아라크네를 불쌍히 여겨 다시 살려냈다.

"너를 죽도록 내버려 두지 않을 것이다, 아라크네. 하지만 오늘 배운 이 교훈을 네가 영원히 기억하도록 하기 위해서, 네 자손은 앞으로 영원히 매달려 실을 짤 것이다."

아테나가 아라크네에게 아코나이트 즙을 뿌리자 곧바로 그녀의 머리카락, 코와 귀가 떨어져 나갔다. 그녀의 몸이 오그라들었고 머리가 작아졌다. 그녀의 긴 손가락은 몸통 양쪽에 붙어 또 다른 다리가 되었다. 이내 그녀는 한 마리의 작은 곤충으로 변해 여덟 개의 다리로 허둥지둥 달려갔다.

우리는 이제 그녀가 자신의 몸뚱이에서 실을 자아내며 줄에 매달린 모습을 종종 볼 수 있다. 아테나는 아라크네를 거미로 변하게 만들었다.

에로스와 프시케

p.74~75 사랑의 여신 아프로디테는 아름답고 젊은 인간 세계의 공주 프시케에게 질투심을 느꼈다. 프시케의 미모는 너무나 유명해서 많은 사람들이 그녀를 보기 위해 찾아왔다. 아프로디테는 한때 자신을 숭배하던 남자들이 이제는 이 젊은 처녀에게 경의를 바친다는 것을 알았다.

"내 명성이 한낱 인간 세계의 계집애 때문에 빛을 잃어야 하는가?" 아프로디테가 외쳤다. "제우스까지 나의 미모가 그 누구보다도 출중하다고 판정하시지 않았는가! 그녀가 내 명예를 차지하도록 내버려두지 않으리라!"

아프로디테는 아들인 사랑의 신 에로스를 불러 프시케를 벌하라고 일렀다.

"네가 가서 저 애가 못생기고 비열하고 미천한 계급의 남자와 사랑에 빠지도록 만들어라." 그녀가 명령했다.

에로스는 어머니의 명령을 수행하기 위해 서둘러 갔다. 아프로디테의 정원에는 두 개의 샘이 있었다. 그 중 하나에는 완벽한 사랑을 만드는 달콤하고 신선한 물이 있었다. 다른 하나에서는 어울리지 않는 결혼의 고통을 늘리는 쓴 액체가 나오고 있었다. 에로스는 각각의 샘에서 하나씩 병 두 개를 채워 프시케의 침실로 급히 날아갔다.

p.76~77 에로스는 잠들어 있는 프시케의 입술 위에 쓴 액체 몇 방울을 떨어뜨렸다. 그녀는 즉시 눈을 떴다. 에로스는 프시케의 아름다움에 너무나 놀라 즉시 그녀와 사랑에 빠졌다. 에로스는 미친듯이 프시케의 얼굴에 사랑의 단물을 쏟음으로써 자신이 프시케에게 저지른 실수를 돌이키려고 했다.

그 후로 신분고하를 막론하고 많은 남자들이 여전히 그녀의 미모를 찬탄했지만, 감히 그녀에게 청혼할 용기를 지닌 사람은 아무도 없었다. 그녀의 두 언니들은 왕자들과 결혼을 했지만, 프시케는 여전히 혼자였고 자기의 미모가 저주스럽기까지 했다. 한편, 에로스의 마음속에는 오로지 프시케에 대한 사랑밖에 없었다. 프시케의 부모는 신들의 노여움을 산 것이 아닌가 두려워했다. 그들은 아폴로에게 도움을 청했다.

"너의 딸은 불사의 연인의 신부가 될 운명이다." 아폴로가 말했다. "그녀의 미래의 남편이 산꼭대기에서 기다리고 있다. 그는 그 어떤 인간이나 신보다도 힘이 센 괴물이다."

프시케의 부모는 결혼식을 준비했고 자신들의 딸을 산꼭대기에 남겨 두었다. 프시케는 자신의 부모가 집으로 돌아가는 모습을 보자 눈물이 차올랐고 두려움에 떨었다.

그러자 부드러운 바람이 그녀를 들어 올려 싱그러운 초목이 가득한 골짜기로 실어다 주었다. 프시케는 휴식을 취하려고 누웠다가 결국 잠이 들고 말았다.

p.78~79   잠에서 깨었을 때, 프시케는 어떤 길을 보고 그 길을 따라 틀림없이 신이 지었을 것 같은 웅장한 궁전까지 갔다. 그녀는 안으로 들어갔고 높다란 아치형의 지붕을 받치고 있는 황금 기둥들과 멋들어진 조각과 그림들로 덮여 있는 벽들을 보았다. 방들은 호화롭게 장식되어 있었고 보물로 가득했다.

갑자기 어딘가에서 목소리가 들려왔다.

"마님, 지금 당신이 보고 있는 것은 모두 당신 것입니다. 하인들은 당신의 어떤 분부라도 충실히 이행할 것입니다. 필요하실 때 목욕물은 언제든지 준비될 것입니다. 시장기를 느끼시면 옆 방에 식사가 바로 준비될 것입니다."

프시케는 휴식을 취하고 목욕을 마친 뒤 저녁 식탁에 앉았다. 맛있는 식사를 하는 동안 보이지 않는 합창단이 그녀를 즐겁게 해주었다. 프시케는 아직 남편의 모습을 보지 못했지만 그가 어떤 사람인지 무척 궁금했다.

p.80~81   프시케의 남편은 밤의 어둠이 내리면 그녀를 찾아왔다가 동이 트기 전에 사라졌다. 그는 프시케의 마음속에 열정을 불러일으키는 사랑의 밀어를 속삭였다. 그녀는 환한 빛 아래에서 그를 볼 수 있도록 떠나지 말라고 종종 간청하곤 했지만, 그는 청을 거절했다.

"어째서 내 모습을 보려고 하오?" 그가 말했다. "그대가 내 얼굴을 보면 아마 나를 두려워하게 될 것이오. 당신을 사랑하오. 내가 당신에게 바라는 것은 동등한 존재로 나를 사랑하는 것이지, 신으로서 날 숭배하는 것이 아니오."

프시케는 남편의 소원대로 따랐고, 한동안 행복했다. 하지만 궁전이 마치 감옥처럼 느껴지기 시작했고 그녀는 그에게 자신의 가족들을 만나고 싶다고 말했다. 에로스는 그녀의 언니들이 찾아오는 것을 허락해 주었고, 얼마 지나지 않아 언니들이 궁전에 도착했다.

두 언니는 프시케의 놀라운 환경을 시기하며 동생의 남편에 대해 물었다. 프시케가 남편의 얼굴을 한 번도 보지 못했다고 고백하자, 언니들은 동생의 마음을 의심으로 가득 채우기 시작했다.

"아폴로가 넌 괴물과 결혼할 운명이라고 말했어. 사람들은 네 남편이 언젠가는 널 잡아먹을 끔찍한 뱀이라고 한단다. 조심해. 등잔과 날카로운 칼을 준비해서 숨겨두렴. 그가 깊이 잠들면 등잔불을 켜서 사람들의 말이 사실인지 확인해 봐. 만약 사실이라면, 괴물의 머리를 베어 자유의 몸이 되는 거지."

언니들이 집으로 돌아가자, 프시케는 자신의 방에 등잔과 날카로운 칼을 숨겼다.

p.82~83 어느 날 밤, 남편이 잠들자 그녀는 일어나서 등잔불을 켰다. 그녀는 잘생기고 매력적인 신의 모습을 보고 깜짝 놀랐다. 금빛 곱슬머리에 어깨에는 눈처럼 새하얀 한 쌍의 날개가 있었다. 바로 에로스였다!

그녀가 그의 얼굴을 좀 더 자세히 보려고 몸을 굽혔을 때, 등잔에서 타던 기름 한 방울이 남편의 어깨 위로 떨어졌다. 그는 잠에서 깨더니, 아무 말 없이 날개를 펼쳐 창 밖으로 날아갔다. 프시케는 그를 따라가려고 했지만 창문에서 땅으로 떨어지고 말았다. 에로스는 프시케를 돕기 위해 멈추었다.

"오, 어리석은 프시케여, 이게 내 사랑에 대한 보답이란 말이오? 나를 떠나 당신의 집으로 돌아가시오! 사랑과 의심이 어찌 한곳에 있을 수 있으리! 나는 당신 곁을 영원히 떠나겠소!"

에로스가 날아가 버리자 프시케는 미칠 지경이 되어 그를 찾기 위해 며칠 밤낮을 헤맸지만 찾지 못했다.

절망에 빠진 프시케는 결국 아프로디테 여신을 찾아가 도움을 구했다.

"너는 불충하고 신의 없는 여인이다. 내 아들이 마음에 상처를 받았어! 네가 열심히 노력한다는 걸 나에게 입증해 보이면 내 아들이 다시 네게 돌아가는 걸 허락하겠다." 아프로디테가 화가 나서 말했다.

p.84~85 아프로디테 여신은 프시케를 신전의 창고로 데리고 가서 엄청난 양의 밀, 보리, 콩, 편두(扁豆)들을 가리켰다.

"어두워지기 전까지 이 곡식들을 구분하여 같은 종류들끼리 각기 다른 더미에 쌓아두어라." 그녀가 말했다.

프시케는 자신이 해야 할 엄청난 일을 바라보며 조용히 앉아 있었다. 에로스가 이것을 보고 갑자기 동정심이 생겼다. 그래서 그는 일개미들에게 그녀를 도와주라고 일렀다. 개미들은 각각의 곡식을 조심스럽게 구분해서 올바른 더미에 쌓아 놓고 사라졌다. 아프로디테 여신이 땅거미가 질 무렵에 돌아와서 임무가 완성된 것을 보고 못마땅해했다.

다음 날 아침 아프로디테는 프시케에게 새로운 임무를 하도록 했다.

"강 너머 들판에는 황금색 털을 가진 양 떼가 있다. 거기에 가서 각 양들의 황금색 털을 조금씩 가지고 와라." 아프로디테가 말했다.

프시케가 강을 건너기에 안전한 곳을 찾고 있는데, 강의 신이 그녀를 막아서셨다.

"오, 예쁜 아가씨, 지금 강을 건너면 물살에 휩쓸리고 말 거야. 뜨거운 햇볕 때문에 양들이 사나워져서 너를 공격할 거야. 양들이 시원한 나무 그늘에서 쉴 때까지 기다리도록 해. 그때가 되면 밀물의 정령이 잠이 들어 안전하게 강을 건널 수 있을 거야."

p.86~87 프시케는 강의 신의 지시를 따라 성공적으로 임무를 완수했다.

프시케가 황금 양털을 가지고 돌아오자 아프로디테의 노여움은 더욱 커졌다.

"이 일도 혼자서 한 게 아니라는 것을 알고 있다. 그래서 또 다른 일을 시켜보겠다. 이 상자를 가지고 지하 세계로 가서 저승의 여왕 페르세포네에게 주어라. 서둘러라! 오늘 저녁 신들의 모임에 참석하기에 앞서 페르세포네의 아름다움의 원액으로 목욕을 해야 하니까."

프시케는 이번 일로 자신의 죽음이 임박했음을 확신했다. 저승으로 가려면 높은 언덕 꼭대기에 올라가 스스로 몸을 던져야 했다.

하지만 그녀가 뛰어내리려는 순간 어떤 목소리가 들렸다.

"저승으로 내려갈 수 있는 안전한 방법을 일러주마. 암흑의 강으로 가라. 뱃사공 카론이 너를 저승으로 건네 주고 다시 안전하게 너를 데려와 줄 것이다. 페르세포네는 네가 가지고 있는 그 상자에 아름다움의 원액을 채워줄 것이다. 무슨 일이 생기든 간에, 절대로 상자를 열어서는 안 된다. 그렇지 않으면 너는 파멸하고 말 것이다!"

프시케는 이 충고를 듣고 무사히 저승에 도착했다. 페르세포네는 상자를 채워주었고 프시케는 서둘러 아프로디테에게 돌아갔다.

p.88~89 하지만 지상의 빛을 다시 보게 되자, 프시케는 상자 안을 보고 싶은 강한 욕망에 사로잡혔다. 그녀는 조심스럽게 뚜껑을 열었지만 아름다움의 물약 대신, 상자에는 어둡고 영원한 잠만 들어 있었다. 잠은 밖으로 나와 프시케를 덮쳤고 그녀는 즉시 깊고 꿈도 꾸지 않는 잠에 빠져 들었다.

에로스가 재빨리 그녀 곁으로 날아가 프시케의 눈에서 잠을 모았다. 그는 그것을 다시 상자 안에 집어

넣고 그녀를 깨우며 말했다. "당신의 호기심 때문에 언젠가 죽음을 맞을 것이오! 이 상자를 어머니에게 가져다 드리고 나머지는 내가 알아서 하겠소!"

그는 프시케를 떠나 하늘로 가 제우스에게 자신의 어머니가 프시케를 그만 괴롭히 도록 설득해 달라고 했다. 제우스는 아프로디테에게 가서 젊은 연인들이 같이 살 수 있게 허락해 줄 것을 부탁했다. 마침내 여신은 승낙했고 프시케는 제우스의 궁전으로 불려와서 암브로시아를 한 잔 받았다.

"이것을 마시면 너는 불사의 몸이 될 것이다. 그러면 너와 에로스는 다시는 헤어지지 않을 것이다." 제우스가 말했다.

얼마 후, 그들 사이에 아름다운 딸이 태어나 이들의 결합을 축복해 주었다. 그들은 딸의 이름을 '쾌락' 이라고 지었다.

5장 | 지하 세계

페르세포네

`p.92~93` 어느 날, 저승의 신 하데스가 지상에 나왔을 때, 사랑과 미의 여신 아프로디테가 그의 모습을 보았다.

그녀는 아들에게 말했다. "에로스야, 네 금화살로 저 어둡고 위험한 신의 심장을 맞춰버려라. 네 화살을 쏴서 하데스가 페르세포네와 사랑에 빠지도록 만들어라. 그녀는 수확의 여신인 데메테르의 딸이다. 그 여인들은 우리를 싫어한다. 그들을 고통받도록 해라."

에로스는 어머니가 시키는 대로 했다. 그는 가장 뾰족한 황금 화살을 골라 하데스의 심장에 정통으로 꽂았다.

그날 오후, 하데스는 엔나 골짜기의 호수 옆에서 친구들과 함께 꽃을 꺾고 있는 페르세포네를 보았다. 그는 즉시 그녀에게 반했다. 하데스는 친구들의 시선이 딴 데로 가 있는 틈을 타 그녀를 품에 낚아채서 지하 세계로 들어가는 키아네 강으로 갔다.

페르세포네의 친구들은 그녀의 어머니인 데메테르에게 가서 그녀가 사라졌다고 말했다. 데메테르는 딸을 찾아 온 세상을 헤맸지만 찾지 못했다. 결국 그녀는 설낭삼에 빠져 길 옆에 있는 돌 위에 앉아서 쉬고 있었다.

켈레오스라는 농부와 그의 딸은 염소를 몰고 집으로 돌아가던 길에 길가에 앉아 있는 한 늙은 여인을 발견했다. 변장을 한 데메테르 여신이었다.

p.94~95 "아주머니, 왜 여기에 혼자 앉아 계세요?" 딸이 물었다.

"제 아이가 사라졌어요. 모든 곳을 찾아봤지만, 딸을 찾을 수가 없어요." 데메테르가 말했다.

그녀가 이 말을 하자, 눈물이 뺨을 타고 흘러 내렸다.

"저희 오두막집으로 가세요. 기운을 차리신 후에 다시 길을 떠나세요. 따님이 무사히 돌아올 때까지 저희 집에서 음식을 드시고 편안하게 머무르다 가십시오." 늙은 아버지가 말했다.

"감사합니다. 내가 어떻게 당신들의 호의를 사양할 수가 있겠습니까?" 데메테르가 말했다.

켈레오스의 오두막집에 도착했을 때, 그의 아내 메타네이라는 깊은 슬픔에 잠겨 있었다.

"어서 오세요." 그녀는 흐느끼며 말했다. "하지만 저의 어린 아들, 트립톨레머스를 먼저 돌봐야 해서요. 중병에 걸렸는데 죽을지도 모른다는군요."

데메테르는 아이의 침대 곁으로 가서 아이의 뺨을 만지며 키스를 했다. 병으로 창백했던 아이의 얼굴에 즉시 생기가 돌고 다시 건강해졌다.

모두가 소년의 기적적인 회복에 기뻐했다. 사과, 꿀, 우유와 크림이 식탁에 차려졌다. 식사를 하는 동안, 데메테르는 양귀비에서 짜낸 즙을 아이의 우유에 섞었고 아이는 깊고 평화로운 잠에 빠져들었다.

모두가 잠이 든 그날 밤, 데메테르는 잠든 소년의 팔다리를 주물렀다. 그리고 그의 조그만 몸을 화로의 재에 올려놓고 주문을 외웠다.

p.96~97 메타네이라는 잠에서 깨서 늙은 여인이 그렇게 하는 것을 보고 소리를 질렀다. 그녀는 재빨리 그녀의 어린 아들을 재에서 구해냈다. 데메테르가 신의 모습으로 돌아오자 가족들은 깜짝 놀랐다.

"나는 그대의 아들을 불사의 몸으로 만들려고 했는데, 그대가 그걸 막았구나. 그럼에도 불구하고 그는 사람들에게 쟁기 사용법을 가르쳐 주게 될 것이다. 그는 땅에서 경작한 수확물을 사람들에게 보여줄 것이다. 그는 장차 훌륭하고 유익한 인물이 될 것이다." 데메테르가 말했다.

데메테르는 계속 딸을 찾으러 다녔다. 그녀는 온 세계를 다니다가 키아네 강둑으로 다시 돌아왔다. 이곳은 하데스가 자신의 딸을 타르타로스에 있는 그의 집으로 데려간 장소였다.

납치를 목격한 강의 님프는 자기가 목격한 사실을 여신에게 모두 이야기해 주고 싶었지만, 하데스가 두려웠다. 대신 그녀는 페르세포네의 앞치마를 데메테르의 발치에 떨어뜨렸다. 데메테르는 앞치마를 보고, 자신의 딸이 죽은 것이 분명하다고 생각했다. 하지만 그녀는 어떻게 죽었는지 알지 못했다. 그녀는 주변의 무고한 대지만을 원망했다.

p.98~99 "배은망덕한 땅아, 내가 너를 비옥하게 만들고 풀로 덮어 주었건만. 내 딸이 돌아올 때까지 이젠 널 도와주지 않을 것이다." 그녀가 말했다.

가축이 죽기 시작했고 종자는 싹이 트지 않았다. 햇볕이 너무 뜨겁게 내리쬐든지 아니면 비가 억수같이 내렸다. 작물 대신에 엉겅퀴와 가시나무만 자라났다. 이 광경을 본 샘의 님프 아레투사가 데메테르에게 말했다.

"대지를 나무라지 마십시오. 대지는 어쩔 수 없어 따님과 그녀의 납치범에게 통로를 열어주었을 뿐입니다. 따님은 지하 세계의 통치자, 하데스의 아내가 되셨습니다."

데메테르는 이 말을 듣고 대경실색했다. 여신은 서둘러 제우스를 찾아가 자신의 딸을 되찾게 해달라고 간청했다. 제우스는 도와주겠다고 승낙했지만, 만약 페르세포네가 저승에 머무는 동안 음식에 입을 댔다면 그녀를 구할 수 없었다.

p.100~101 제우스의 아들 헤르메스가 페르세포네를 풀어줄 것을 요구했지만, 하데스는 페르세포네가 이미 석류를 먹었다고 말했다. 이로써 완전한 구출은 불가능해졌으나, 타협이 이루어졌다. 페르세포네는 생의 반을 어머니와 지내고 나머지 반은 남편과 지낸다는 것이었다. 데메테르는 이 중재안에 동의했고, 대지에 이전과 같은 풍요와 성장을 돌려 주었다.

데메테르와 그녀의 딸이 만나 함께 보내는 6개월 동안은, 땅이 번성했다.

처음 석 달 동안은 새싹이 피어오르는데, 이는 봄이 되었다. 그 다음 석 달은 식물들이 만개하는 여름이었다. 하지만 페르세포네가 남편의 세계로 돌아간 때에는, 식물들이 죽기 시작했다. 이는 가을이다. 페르세포네가 지하 세계에서 보내는 마지막 석 달 동안은 땅이 황폐해지고 아무것도 자라지 않았다. 이는 겨울이다.

오르페우스

p.102~103 오르페우스는 아폴로와 칼리오페 사이의 아들이었다. 그의 아버지는 그에게 리라를 주었고 그는 연주하는 법을 배웠다. 곧 그의 솜씨가 너무나 뛰어나 야생 짐승들과 나무들이 그의 음악에 매료되었다. 오르페우스가 성인이 되었을 때, 그는 아름다운 에우리디케와 결혼했다.

결혼의 신 히멘은 오르페우스와 에우리디케의 결혼식에 초대받았지만, 그는 흉조만을 가져왔다.

결혼 후 얼마 지나지 않아, 양치기 아리스타이오스가 에우리디케를 보고 그녀를 탐하게 되었다. 그녀는 그가 두려워 도망치다가 독사를 밟았다. 그 어떤 것도 그녀를 구할 수 없었고 곧 죽음이 찾아왔다.

오르페우스는 감당할 수 없는 슬픔에 빠졌다. 그는 사랑하는 아내 없이는 살 수 없었으므로, 그녀를 찾기 위해 지하 세계로 갔다. 그는 타르타로스에 도착해서 리라를 연주하며 하데스와 페르세포네에게 사랑과 슬픔의 노래를 불러 주었다.

오르페우스의 부드럽고 사랑이 넘치는 노래는 페르세포네의 눈에 눈물이 나게 했다. 심지어 하데스도 오르페우스의 슬픔에 마음이 움직여 그의 청을 들어주기로 했다.

"오르페우스여, 아내를 데려가도 좋다. 하지만 바깥 세상에 도착하기 전까지 절대로 그녀를 뒤돌아 보아서는 안 된다." 하데스가 말했다.

p.104~105 오르페우스는 아내를 어둡고 고요한 동굴과 터널을 지나 지상으로 안내했다. 그들이 거의 지상에 도착했을 때, 그는 하데스의 경고를 잊고 에우리디케가 잘 따라오고 있는지 확인하기 위해 뒤돌아 보았다. 그 순간 그녀의 영혼은 지하 세계로 되돌아갔다.

"잘 가세요, 마지막 인사예요." 그녀는 슬프게 외쳤다. 그리고 그녀는 사라졌다.

오르페우스는 아내의 뒤를 따라가려고 애쓰며 다시 한 번 그녀를 놓아 달라고 간청했다. 그의 청은 받아들여지지 않았다. 7일 동안 그는 지하 세계 입구 근처에서 머무르며 먹지도 자지도 않고 자신의 비탄과 슬픔을 노래했다.

오르페우스의 음악은 주위에 있는 나무와 야생 동물들의 마음을 녹였다. 다른 여인들이 그를 유혹하려고 해보았지만 그는 그들을 거절했다.

"그가 우리를 경멸하는 것을 참을 수가 없어!" 여인 중 한 명이 이렇게 외치며 창을 던졌다. 창은 그의 발밑에 떨어져 아무런 해를 입히지 못했다. 다른 여인들이 그에게 돌을 던졌지만 역시 목표물에 도달하지 못했다. 오르페우스는 계속 리라를 연주하면서 애도의 노래를 불렀다.

그러자 화가 난 여인들이 그를 잡아서 사지를 갈기갈기 찢었다. 그들은 그의 머리와 리라를 헤브로스 강에 던졌다. 강 하류에서 오르페우스의 이모들이 그의 유해를 모아 리베트라에 묻어주었다. 오르페우스는 두 번째로 타르타로스에 가게 되었다. 그는 에우리디케를 만나 열렬히 포옹했다.

오늘날에도 헤브로스 강은 여전히 오르페우스의 슬픈 노래들을 속삭이고 있으며, 나이팅게일은 그의 무덤가에서 가장 감미로운 노래를 부르고 있다.

6장 | 괴물

페르세우스와 메두사

p.108~109　아크리시오스 왕은 고대 그리스의 아르고스 시를 다스리고 있었다. 그는 예언가에게 자신의 딸인 다나에의 아들이 자신을 죽이게 된다는 경고를 들었다. 잔인한 왕이었던 그는 딸을 탑에 가두고 남자들의 관심으로부터 떼놓았다. 하지만 제우스는 다나에를 보자마자 사랑에 빠졌다. 그는 황금 비로 변해 갇혀 있는 처녀의 방 안으로 쏟아져 들어왔다. 그들은 연인이 되었고 다나에는 제우스의 아들 페르세우스를 낳았다.

아크리시오스는 딸이 제우스의 아들을 낳았다는 사실을 알고 분노했다. 그는 그들 모자를 궤짝에 넣어 바다로 던져 버렸다. 궤짝은 딕테라는 친절한 어부가 사는 세리포스로 떠내려 갔다. 그는 두 사람을 집으로 데리고 갔고, 그들은 그곳에서 몇 년 동안 살았다. 페르세우스는 그 섬에서 성인으로 자라났다.

폴리덱테스는 세리포스의 왕이자 딕테의 형으로 두 사람과 친구가 되었고 시간이 지나자 다나에와 결혼을 하고 싶었다. 하지만 페르세우스는 폴리덱테스를 신뢰하지 않았고 결혼을 반대했다. 그는 자신의 어머니의 보호자로 나섰다. 이에 화가 난 폴리덱테스는 페르세우스를 위험한 여정에 오르도록 했다. 그는 페르세우스에게 고르곤 메두사를 죽이고 그녀의 머리를 가지고 오라고 했다. 폴리덱테스는 페르세우스가 이 위험한 여정에서 돌아오지 못할 거라고 확신했다.

메두사는 한때 아름다운 처녀였고 모두가 그녀의 머리카락에 감탄했다. 하지만 지혜의 여신 아테나가 메두사의 아름다운 머릿결에 시샘을 느껴 메두사의 곱슬머리를 쉭쉭거리는 뱀들로 만들어 버렸다.

`p.110~111` 메두사는 잔인하고 무시무시한 괴물이 되었다. 살아 있는 어떤 생물도 돌로 변할까 봐 두려워 감히 그녀를 쳐다보지 못했다. 그녀의 동굴 주위에는 그녀를 힐끗 쳐다보았다가 돌로 변해버린 남자들과 짐승들이 온통 널려 있었다.

아테나와 헤르메스는 페르세우스를 가엾게 여기고 그가 어려운 임무를 완수할 수 있도록 도와주기로 했다. 아테나는 자신의 방패를 그에게 주어 메두사의 얼굴로부터 보호할 수 있게 해주었다. 헤르메스는 고르곤의 머리를 자를 수 있는 칼과 하늘을 빠르게 날 수 있는 날개 달린 신발을 주었다. 페르세우스는 여정을 떠나 마침내 메두사와 자고 있는 두 언니들의 모습을 보았다.

그는 조용하게 날아 내려가, 방패에 비친 메두사의 모습을 보며 칼로 그녀의 머리를 잘랐다. 뱀들의 쉭쉭거리는 소리에 메두사의 언니들이 잠에서 깨어나자 페르세우스는 도망쳤다.

많은 모험을 거친 뒤에, 페르세우스는 세리포스로 돌아갔다. 그곳에서 그는 그의 어머니가 난폭한 폴리덱테스의 구애를 피해있는 것을 발견하고 그에게 메두사의 머리를 보여주었다. 폴리덱테스는 즉시 돌로 변했고, 딕테는 다나에와 결혼해 세리포스의 왕위에 올라 통치했다.

시간이 지나면서, 메두사의 머리가 그 힘을 잃게 되자, 페르세우스는 아테나 여신에게 머리를 주었다. 여신은 그것을 자신의 흉갑 가운데 있는 방패에 넣었는데 이것이 아테나 여신의 힘의 상징이 되었다.

페가수스와 키마이라

`p.112~113` 리키아 백성들은 키마이라라는 무시무시한 불을 뿜는 괴물을 두려워하며 살고 있었다. 키마이라 몸의 앞쪽 일부는 사자였고 일부는 염소였으며, 뒤쪽은 용의 모습을 하고 있었다. 이오바테스 왕은 이 괴물을 퇴치할 영웅을 수소문했다.

벨레로폰이라는 용감한 젊은 전사가 왕의 사위인
프로이토스의 편지를 갖고 리키아에 막 도착했다.
그 편지에는 벨레로폰의 용맹성을 칭찬하면서도 왕
에게 이 청년을 처형시켜 줄 것을 부탁하는 내용이
담겨 있었다. 프로이토스는 자기 아내인 안테이아
가 이 젊은 영웅을 너무 좋아하게 되었다고 믿고 그
러한 부탁을 했다.

이오바테스는 편지를 읽고 어떻게 해야 할지를 몰랐
다. 그래서 그는 벨레로폰에게 키마이라를 찾아서 처치하도
록 명령했다.

벨레로폰은 도전을 받아들였지만, 모험을 떠나기에 앞서 예언자 폴리이도스를 찾아
갔다. 폴리이도스는 날개가 달린 거친 페가수스를 타고 가야 한다고 말했다. 그리고
아테나 여신에게 찾아가 도움을 구하라고 조언했다. 아테나 여신은 벨레로폰에게 페
가수스를 길들일 황금 재갈을 주었다.

p.114~115 벨레로폰이 페가수스에 오르자, 말이 하늘 위로 날아올랐다. 그는 이내
키마이라를 발견하고 순식간에 해치웠다. 벨레로폰은 승리를 거두고 이오바테스 왕에
게 돌아갔다. 벨레로폰은 그 후에도 오랫동안 그의 용기를 시험하는 많은 모험들을 부
과 받았다. 하지만 페가수스의 도움으로 각각의 모험들에서 승리를 거둘 수 있었다.
이오바테스 왕은 이에 대한 보답으로 그를 자신의 딸과 결혼시켰고 리키아의 왕위까
지 이어받게 했다.

최고의 전성기에 벨레로폰은 심지어 페가수스를 타고 올림푸스 산 꼭대기에 있는
신들의 옥좌까지 날아오르려고 했다. 분노한 제우스는 등에 한 마리를 보내 페가수스
를 찔름으로써 벨레로폰을 지상으로 떨어지게 했다. 그는 심한 부상을 입고 눈이 멀었
다. 그는 오랜 세월 동안 방랑하다가 사막에서 홀로 비참하게 생을 마감했다.